Philippe ANDRES

30 moyens d'être célèbre après la retraite

Super Agers ou la fin du jeunisme

« Et l'on voit de la flamme aux yeux des jeunes gens, mais dans l'œil du vieillard, on voit de la lumière. »

Victor Hugo, La Légende des Siècles.

Édition: BoD – Books on Demand, info@bod.fr
Impression: BoD – Books on Demand, In de Tarpen 42, Norderstedt (Allemagne)

Impression à la demande

ISBN : 978-2-3225-4148-5

Dépôt légal : Juillet 2024

Sommaire

2. Se révéler tardivement: Louise Bourgeois, Hokusai, Yayoi Kusama, les Papes.

3. Pratiquer des sports extrêmes ou réaliser des exploits sportifs: Rut Larsson, Yuichiro Miura, Fauja Singh, Olga Kotelko, Julia Welles Hawkins.

4. Faire des découvertes: Pierre Agostini, Luc Montagnier, Vernon Lomax Smith, Louis Pasteur, Peter Higgs.

5. Aller dans l'espace: John Goodwin, Wally Funk.

6. Influencer sur les réseaux sociaux: Studio Danielle, Shirley Curry, Baddie Winkle.

7. Faire de la radio/ télévision ou de la pub: Mère Denis, Michel Drucker, Madame Soleil.

8. Devenir académicien ou recevoir un prix littéraire: Annie Ernaux, Marguerite Yourcenar.

9. Devenir le héros d'une crise ou d'une saga entrepreneuriale: Harland David Sanders, Eric Raoult, Didier Lombard, Warren Buffet.

10. Basculer dans la délinquance: Harvey Weinstein, Bernard Madoff, Gaston Dominici.

11. Devenir chef d'État: Deng Xiaoping, Leonid Brejnev, Joe Biden, Nelson Mandela, Golda Meir, François Hollande, François Mitterrand.

12. Voyager à travers le temps: le Comte de Saint Germain, Baba Vanga, Philippe Aries, Jean de Joinville.

13. Survivre à une guerre, une catastrophe, ou une grande

aventure humaine: Claude Bloch, Leon Gautier (Commando Kieffer), Sunao Tsuboi, Millvina Dean, Lazare Ponticelli, Carlos Soria Fontan.

14. Avoir une grande gueule, du talent oratoire, faire peur: Georges Clemenceau, Jean Luc Mélenchon, Jean Marie Le Pen, Donald Trump.

15. Défier les lois naturelles: Paul Richard Alexander, Charly Bancarel, James Hiram Bedford, Jean-Pierre Adams, Cornelia Ras.

16. Devenir un grand chef de guerre: Philippe Pétain, Paul Von Hindenburg, Cochise.

17. Philosopher, faire de la sociologie ou psychanalyser: Sigmund Freud, Edgar Morin, Arthur Schopenhauer.

18. Créer la mode, faire de la photographie: Jacques Henri Lartigue, Iris Apfel, Rose Victoria Repetto.

19. Devenir acteur, producteur, cinéaste, costumière: Judi Dench, Youn Yuh-Jung, Ridley Scott, Ann Roth.

20. Faire des enfants, fonder une famille: Al Pacino, Robert de Niro, Omkari Panwar, Ramjit Raghav, Anthony Quinn.

21. Séduire et courtiser: Massimo Gargia, Ninon de Lenclos, Zsa Zsa Gabor.

22. Aimer le sexe: Richard Allan, Shigeo Tokuda, Dodo La Saumure, Dennis Hof.

23. Prophétiser, faire le bien: Soeur Emmanuelle, Mère Teresa, Moïse, Gandi.

24. Souffler les bougies: Jeanne Calment, Jiroemon Kimura.

25. Faire sauter la banque: Théodore Struyck, Gloria McKenzie, Dennis Banfield.

26. Jouer au solitaire: Sir Francis Chichester, Alejandra Rodriguez.

27. Être l'intime d'une célébrité: René Angélil, Thomas Markle, Jamie Spears, Mohamed Al-Fayed.

28. Devenir célèbre après sa mort:
    Paul Cezanne, Paul Gauguin,
    Sainte Thérèse de Lisieux.

29. Se mettre en scène: Henri
    Charrière, Jacques Mayol.

30. Écrire un livre sur comment
    devenir célèbre après 70 ans ou
    trouver le trente et unième
    moyen.

IV. Conclusion

I. PROLOGUE

Je dédie ce livre à mon fils Adrien, 16 ans qui, malgré ma totale désapprobation, a pratiqué le parcours urbain (ou Urbex) à New York. Il a risqué sa vie au sommet de tours, de ponts suspendus, de grues, escaladés sans aucune sécurité pour le plaisir d'un selfie à succès aussitôt publié sur les réseaux sociaux, à l'instar d'une de ses idôles françaises, Alain Robert, qui a récemment escaladé la tour Total Energie de La Défense par la façade.

Arrêté plusieurs fois par la police new-yorkaise, notamment pour être monté au sommet d'une tour de 320 mètres de hauteur, mon fils est à l'image d'autres teenager's de grandes villes américaines ou européennes, qui dans l'espoir d'accéder à une notoriété instantanée sur les réseaux sociaux, n'hésitent pas à mettre leur vie en danger. TikTok ou Instagram regorgent de vidéos de ce type qui recueillent des dizaines de milliers de followers et davantage encore de "like". Adrien a ainsi obtenu 500 000 likes en deux jours suite à l'une de ses vidéos ou il apparaît au sommet d'une grue, surplombant une tour.

Appartenant à la génération qui avait 16 ans en 1968 je n'ai pas souvenir que nous risquions notre vie de quelque manière que ce soit pour un tel shot d'adrénaline ou pour une recherche de notoriété éphémère et sans lendemain.

Il est vrai que les réseaux sociaux n'existaient pas à l'époque et qu'on pouvait faire scandale ou se démarquer juste en ayant les cheveux longs ou en portant une minijupe.

Dès lors cette idée m'est venue de réfléchir à cette recherche de célébrité, dès le plus jeune âge, à n'importe quel prix, et à cette mode du "looking good and avoid looking bad" qui déforme les vrais personnalités et nous plonge dans l'univers du "fake", de la perception, du virtuel, de l'irréel.

Et puis j'ai découvert que plus souvent que je ne le pensais, la célébrité, la vraie pouvait venir sur le tard, voire le très tard, pour de bonnes ou de mauvaises raisons, et que rien ne servait de courir dès 16 ans dans ce but car parfois la vie, le talent, le travail, la persévérance ou même le vice, pouvaient vous ouvrir les portes de la notoriété bien après l'âge légal de départ en retraite.

J'ai aussi découvert que les personnes âgées ont encore des ressources extraordinaires qui les amènent à accomplir des actes incroyables qu'on penserait réservés à de beaucoup plus jeunes et qui devraient rendre ridicules bien des conflits générationnels.

Ce livre prend le contre-pied du jeunisme, mais aussi de l'âgisme. Il est un hommage rendu aux incroyables qualités des êtres humains, dont l'âge est certes un paramètre biologique qui affecte le corps, mais certainement pas l'esprit.

II. LES OK-BOOMERS NE SONT PAS DES YAOURTS

Quel est le comble pour un-OK boomer ?
Devenir un KO boomer !
Réveillez-vous les OK boomers et montrez que vous en avez encore sous le capot! Ce livre est fait pour vous et aussi pour les plus jeunes car vous aussi, vous aurez droit un jour à un « OK millenium » ou un « OK genZ ».

Être jeune n'est d'ailleurs pas qu'un privilège. Comme l'écrivait Paul Nizan, philosophe et écrivain français mort au combat en 1940 à 35 ans "j'avais vingt ans. Je ne laisserai personne dire que c'est le plus bel âge de la vie."

Romain Gary a écrit en 1975 un livre intitulé" Au-delà cette limite votre ticket n'est plus valable". C'est l'histoire d'un gros industriel qui, la soixantaine venue, ne parvient plus vraiment à satisfaire sexuellement sa jeune maîtresse. Cette peur du déclin sexuel l'envahit et détruit petit à petit sa confiance en lui et son estime de soi.

Dans ce livre on verra que oui, votre ticket reste toujours valable jusqu'au tombeau, y compris sexuellement pour une partie d'entre nous.

"Tant qu'il y a de la vie il y a de l'espoir!" Cet adage biblique (L'Ecclésiaste 9.4) peut aussi se retourner en : "Tant qu'il y a de l'espoir il y a de la vie", car l'espoir est synonyme de vie, "l'espoir fait vivre". C'est d'ailleurs pour celà que les désespérés se suicident!

L'espoir d'être reconnu(e), voire célèbre, peut être un formidable moteur de vie et ne doit pas s'éteindre avec l'âge.

Ce qui est sûr c'est que si l'on n'espère plus rien, alors à quoi bon passer de 70 à 80 ans, puis de 80 ans à 90 ans et au delà ? Et l'espérance d'une vie dans l'au delà ne doit pas pour autant tuer toute espérance ici-bas ! Comme l'écrit admirablement le philosophe Roger-Pol Droit, "vieillir, ce n'est pas commencer à mourir".

Bref les êtres humains ne sont pas des yaourts avec une date de péremption, comme le dit excellemment Amanda Lear, muse des dernières années de Salavador Dali. Les êtres humains sont comme le miel, c'est à dire impérissable jusqu'à leur mort, même si cela semble paradoxal, car au final vieillir est tout sauf une maladie.

Récemment le philosophe français André Comte-Sponville, qui a 72 ans, a déclaré dans une interview au journal Le Monde:" La mort ne peut plus me prendre qu'une partie de ma vieillesse, et sans doute pas la plus intéressante". C'est bien sûr une remarque très pertinente, que je n'écarte pas d'un revers de la main, puisque j'ai le même âge que lui. Je l'invite cependant à lire ce livre, qui le convaincra peut-être que cette réflexion ne vaut cependant pas pour tout le monde.

Aux États-Unis on parle des *Super Agers* quand on évoque des personnes de plus de 80 ans encore dotées d'une mémoire exceptionnelle ou du moins encore aussi bonne que celles de personnes plus jeunes de 20 ou 30 ans. Citons le cas d'Akira Haraguchi, un ingénieur japonais né en 1945, qui a réussi en 2006, à l'âge de 61 ans, à énumérer sans se tromper les cent mille premières décimales du nombre pi, pendant seize heures d'affilées.

Certes la célébrité n'est qu'une espérance parmi d'autres mais elle est quand même sacrément motivante car plus difficile à réaliser avec l'âge ! C'est donc un défi intéressant à relever!

Les plus de 70 ans représentent environ 15% de la population, du moins en France ou aux États-Unis. S'ils ne sont pas tous célèbres, qu'ils sachent d'abord que selon diverses sources, il y a en général moins de 10 personnes sur 100 000 qui le sont ou le deviennent, et ce quel que soit l'âge. La célébrité, c'est un peu comme le loto. Tout le monde peut jouer, mais il y a très peu de gagnants.

Certains ou certaines l'acquièrent très jeunes, voire bébé à l'instar d'Amandine premier bébé éprouvette, de Justin Bieber ou Demi Lovato quand d'autres le deviennent tardivement tels que le naturaliste et paléontologue Charles Darwin ou la sculptrice Louise Bourgeois, dont la célébrité ne s'est réellement acquise qu'après l'âge de 50 ans.

D'autres enfin ne connaîtront la postérité que post-mortem, tel Amadeo Modigliani, artiste maudit de son vivant, dont des nus ont dépassé les 150 millions de dollars lors de ventes chez Sotheby's ou Christie's à New York.

Quoiqu'il en soit ce livre réjouira tous ceux qui aimeraient devenir célèbre, ne serait-ce qu'un seul jour, et qui pensent qu'il n'est jamais trop tard pour y arriver. Comme le dit Alain Robert, le Spiderman français qui grimpe encore en solo les falaises du Verdon a plus de 60 ans, "la fin de la vie c'est quand on meurt, et d'ici là on peut encore faire beaucoup de choses, l'âge n'est pas un obstacle."

Et puis qu'on soit déjà en retraite ou encore en activité, tenter de devenir célèbre passé la soixantaine est un challenge autrement plus fun que de gagner sa nième partie de Scrabble, de golf ou de bridge. Ne pensez vous pas ?

Ce livre recense une trentaine de moyens d'y parvenir, certains plus recommandables que d'autres, ou bien carrément insolites, mais passons sur les moyens puisque la fin

est de devenir célèbre, à un âge à partir
duquel beaucoup pensent que seule la
discrétion et l'effacement sont de mises !

–

III. TRENTE MOYENS D'ÊTRE CÉLÈBRE APRÈS LA RETRAITE

1. MOYEN NUMÉRO UN: ÊTRE DÉJÀ CÉLÈBRE ET SAVOIR LE RESTER.

À première vue, ce moyen semble le plus facile à réaliser puisqu'on a déjà acquis une célébrité avant l'âge fatidique de la retraite et qu'il suffit de l'entretenir et de vivre de sa rente. Pourtant au vu du nombre de stars d'un jour ou d'une année qui ont aujourd'hui totalement disparu dans l'oubli, celà semble plus facile à dire qu'à faire ! La raison principale est qu'il faut avoir du talent et pas uniquement donner l'impression qu'on en a !

Bien sûr il y a les icônes qui resteront célèbres à jamais, quel que soit leur âge et leur activité, et même après leur mort. Parmi les morts citons par exemple Neil Armstrong, Marilyn Monroe, Albert Einstein, Elisabeth II d'Angleterre, John Fitzgerald Kennedy, Martin Luther King, Charles de Gaulle, Mozart, Pablo Picasso, Andy Warhol, Karl Lagerfeld ou Pelé, et parmi les vivants Brigitte Bardot, Alain Delon, Barack Obama, Mick Jagger, Elton John, Greta Thunberg ou Paul McCartney.

Pourquoi ces personnages sont-ils devenus des icônes dont la célébrité ne peut plus leur être retirée ? Sans doute parce qu'au delà de leurs talents, de leurs réalisations, ils incarnent une époque, une épopée, des tendances fortes, des valeurs anciennes ou nouvelles, des idées révolutionnaires, des aspirations de toute une société pour les droits civiques, la liberté, l'égalité et la non-discrimination.

Brigitte Bardot est devenue le symbole de la femme libre et de la défense de la cause animale. Tout comme Martin Luther King celui du promoteur des droits civiques des Noirs aux États-Unis.

Faire partie de l'Histoire parce qu'on a écrit l'Histoire est évidemment l'apanage des politiques et plus encore des dictateurs ou des rois. De Jules César à Mao Zedong en passant par Louis XIV, Napoléon Bonaparte, Adolf Hitler, Joseph Staline, ces différents personnages resteront dans toutes les mémoires, pour leurs crimes ou pour leur soif de conquêtes et de pouvoir absolu.

D'autres comme Mahatma Gandhi, John Fitzgerald Kennedy, Nelson Mandela, Charles de Gaulle ou Leopold Sédar Senghor sont au contraire reconnus pour avoir été des guides, des leaders inspirés ou des exemples à suivre.

En dehors de la politique, certains resteront célèbres par delà leur mort parce qu'ils ont changé la vie de millions de personnes. On peut citer Steve Jobs, le fondateur d'Apple qui a certainement plus changé nos modes de vie que n'importe quel politicien qui prétendait le faire.

C'est aussi le cas des Beatles dont l'influence sur l'histoire du rock est primordiale ou bien de Louis Pasteur, pionnier de la microbiologie, dont il faut rappeler qu'il inventa le vaccin antirabique à l'âge de 63 ans. Dans le cas de ce dernier, il est intéressant de noter qu'il a même légué pour la postérité une déformation de son nom à un procédé de conservation, la pasteurisation.

Jesse Owens, premier athlète noir à acquérir une renommée internationale et plusieurs fois champion du monde dans des disciplines telles que le 100m, le 200m, le relais 4x100m et le saut en longueur, reste à jamais célèbre pour avoir remporté quatre médailles olympique aux JO de 1936 à Berlin, sous les yeux d'Adolf Hitler, démolissant devant lui le mythe de la supériorité des "aryens" sur les autres races, contribuant par là même à défendre la cause des Africains-Américains dans son propre pays, les États-Unis.

Sean Connery est devenu à jamais aussi mythique que James Bond, tant il s'est incarné au personnage, au point d'être reconnu comme le meilleur des six acteurs qui ont joué ce rôle. On peut même se demander parfois si ce n'est pas James Bond qui a joué le rôle de Sean Connery !

Le cas des personnes ayant acquis une certaine célébrité dans le passé et réussissant à la maintenir est le plus souvent dû au fait qu'ils ne s'arrêtent pas de travailler, de produire, de vivre des amours bien au delà de l'âge de la retraite, au point même de devenir des symboles pour celà.

Dans la politique française, c'est vrai pour les anciens Présidents de la République de la Vème République toujours acteurs de la vie politique, et de certains de leurs anciens Premiers Ministres qui ont fait le même choix.

Mais qui se souvient encore de Jean-Marc Ayrault, éphémère Premier Ministre de

François Hollande, sans parler de la kyrielle de ministres, tous peu ou prou tombés dans un oubli profond, parfois dès l'instant même de leur nomination ?

Et aux États-Unis, qui peut citer le nom des anciens Vice-Présidents de George W. Bush, de Barrack Obama ou de Donald Trump ? Probablement pas grand monde, et pourtant beaucoup de ceux là sont toujours vivants mais n'avaient sans doute pas suffisamment de talent pour rester sous la lumière et devenir numéro un.

C'est vrai aussi dans le monde du showbiz. Si Madonna (65 ans) restera célèbre jusqu'à sa mort et même au delà, tout comme Elton John (76 ans), Mick Jagger

(80 ans) ou Paul Mac Cartney (81 ans), c'est parce qu'ils ne désarment pas, à l'instar d'Henri Salvador qui donna son dernier concert à l'âge de 90 ans.

En revanche, qui se souvient encore du chanteur Antoine dont les fameuses *Élucubrations* signeront son unique succès en 1966 et lui apporteront une célébrité éphémère? Même chose pour la chanteuse anglaise Petula Clark, 90 ans aujourd'hui, et qui connut un grand succès international durant les sixties.

Citons aussi le cas du réalisateur et scénariste Ridley Scott, qui vient de réaliser à 86 ans l'excellent film Napoléon. Certes Ridley Scott a acquis une renommée internationale avec son célèbre film de science-fiction et d'horreur *Alien*, sorti en 1979, alors qu'il avait juste 42 ans, puis qu'il a consolidé au fil du temps avec des succès cinématographiques tels que *Blade Runner* en 1982, *Thelma et Louise* en 1991, *Gladiator* en 2000, *Prometheus* en 2012, sans compter les innombrables suites d'Alien. Mais réaliser et produire *Napoléon* à 86 ans est tout de même une belle preuve de vitalité, de créativité et de jeunesse d'esprit.

Donc quand on devient célèbre, si on veut le rester tout au long de sa vie et même au delà, il y trois possibilités :

- **devenir un symbole à tout jamais** comme James Dean mort à 24 ans mais symbole d'une jeunesse perdue dans la *Fureur de Vivre* et qui disait: "Rêve comme si tu vivais éternellement et vis comme si tu allais mourir aujourd'hui". Même chose pour le King Elvis Presley, devenu pour toujours le maître incontesté du rock and roll ou pour Marilyn Monroe, dont la beauté conjuguée à des amours sulfureuses avec les Kennedy et la mort tragique à 36 ans d'une overdose de barbituriques en font une actrice mythique de l'âge d'or d'Hollywood. Souvent une fin tragique et jeune alimente le mythe comme pour Lady Diana dont les mésaventures amoureuses et de Cour avec les Windsor, ainsi que son combat contre les mines anti-personnelles avaient déjà propulsé sa notoriété internationale au plus haut niveau. Citons aussi le cas de Claude François mort électrocuté à 39 ans dans sa salle de bains, au fait de sa gloire. Claude François, dit "CloClo" est devenu le symbole de la variété française des années 1970. Il a vendu plus de 70 millions de disques dont la moitié après sa mort.

- **Ne jamais s'arrêter de produire, de créer, ou de faire quelque chose pour le bien commun.** Outre les exemples précités, Bernadette Chirac reste célèbre pour son action "pièces jaunes" même si son mari n'est plus de ce monde. Quant à Coluche, mort tragiquement à 41 ans dans un accident de la route, sa célébrité post-mortem est aujourd'hui plus le fait de l'action généreuse qu'il initia en faveur des plus démunis avec les Restaurants du Cœur que par le souvenir précis de ses sketchs humoristiques ou de ses films. Citons également le sociologue et philosophe Edgar Morin qui continue de publier et de s'exprimer à 102 ans. Alfred Nobel, inventeur de la dynamite, invention qui lui a permis de se constituer une très grande fortune, rédige un an avant sa mort le testament par lequel le Prix Nobel viendra récompenser chaque année des bienfaiteurs de l'humanité dans les domaines de la physique, de la chimie, de la psychologie, de la médecine ou de la littérature. L'une des professions qui semble le mieux avoir compris cette règle est celle des journalistes et animateurs de télévision, à l'exemple de Michel Drucker, 81 ans aux fraises et toujours en train de préparer sa prochaine rentrée ou émission. Mais j'aurais l'occasion de revenir sur ce sujet dans le moyen numéro 7, faire de la télévision. N'oublions pas Dolly Parton, reine de la country américaine qui continue à 78 ans de sortir des albums, de publier des livres et de faire des concerts.

- **N'être reconnu(e) qu'après sa mort.** C'est frustrant et sans consolation pour la personne concernée, beaucoup moins pour ses ayant-droits et bien sûr pas si fréquent. Outre le cas précité d'Amadeo Modigliani, la liste des artistes qui n'ont connu la célébrité qu'après leur mort est toutefois assez fournie. Citons Vincent Van Gogh dont les oeuvres ont été ignorées de son vivant alors qu'il fut un maître incontesté de la couleur avec notamment ses fameux Tournesols peints en 1888. Interné à l'asile de Saint-Rémy de Provence après s'être tranché l'oreille à la suite d'une dispute avec Gauguin à Arles, il part à Auvers sur Oise dont il peint notamment l'église en 1890. Après son suicide supposé en 1890, sa postérité viendra grâce à l'action de la veuve de son frère Théo, Johanna Bonger. Paul Gauguin connaîtra aussi un sort semblable. Alors qu'il se qualifie lui même de "talentueux peintre du dimanche" il vit très mal de son art même s'il fait partie du groupe des Impressionnistes dont font notamment partie ses amis Pissaro et Degas. Après ses séjours à Pont Aven, il meurt en 1903 lors de son deuxième séjour à Tahiti. Gauguin ne vendra aucune toile à l'exposition du Groupe des

Impressionnistes lors de l'Exposition Universelle de 1889. Il meurt d'une crise cardiaque en 1903 en étant largement méconnu et en proie à la dépression, la maladie et l'alcool. Et pourtant, l'une de ses toiles, peinte à Tahiti en 1882, se vendra en 2015 plus de 260 millions d'euros ! Être artiste maudit fut aussi, plus proche de nous, le sort de Jean-Michel Basquiat, mort à 27 ans d'une overdose de Speedball, un mélange d'héroïne et de cocaïne. Repéré très vite par de grands galeristes new-yorkais, Basquiat accède à la notoriété dès l'âge de 21 ans. L'usage de pictogrammes, telle la couronne à trois pointes ou la couronne d'épines, de supports divers et variés, de slogans, le distinguent et son amitié et coopération avec Andy Warhol et aussi avec Madonna le consacrent à jamais comme un symbole de la pop culture.

2. MOYEN NUMÉRO DEUX: SE RÉVÉLER TARDIVEMENT

"Aux âmes bien nées, la valeur n'attend point le nombre des années" declare Rodrigue dans le Cid. S'il est vrai que beaucoup de talents ou de dons innés se révèlent très jeune, il en est aussi d'autres qui n'éclosent que bien plus tardivement, soit parce qu'on n'a pas eu l'occasion de les travailler ou de les mettre en valeur, soit tout simplement parce qu'on n'était même pas conscient de les avoir.

Agatha Christie a écrit: "vis aujourd'hui comme si c'était le dernier jour. Et fais des projets comme si tu étais là pour l'éternité". En vertu de cet adage, j'invite tous ceux qui pensent n'avoir reçu aucun don ou talent à les découvrir et à s'investir même très tardivement sur un projet qui les motive.

Louise Bourgeois, sculptrice célèbre pour ses araignées géantes, ses toiles de femmes-maisons et ses sculptures phalliques, nait à Paris en décembre 1911 dans une famille de tisserands. D'abord attirée par le dessin, et animée à la fois par la haine envers son père adultère et l'amour envers sa mère humiliée par cette situation, Louise Bourgeois, délaissera ses crayons et pinceaux au début des années 1950 à New York où elle réside désormais avec son mari américain Robert Goldwater, pour sculpter un certain nombre de formes totémiques en bois.

Sa première exposition à New York a lieu à la Peridot Gallery en 1949, alors qu'elle a 38 ans.

Délaissant le bois et les structures verticales au début des années 1960, Louise Bourgeois utilise notamment le plâtre et le latex représentant des formes de plus en plus sexualisées, souvent à l'allure d'un pénis ou d'une vulve, telle sa série de sculptures intitulée Janus.

Elle se rendra ensuite en Italie dans les années 1960 pour y travailler le marbre.

Durant les années 1960 à 1982, elle est très engagée auprès de jeunes artistes femmes qui participent à des expositions militantes de *feminist art* organisées par le Mouvement de Libération des Femmes (MLF).

À l'âge de 62 ans elle démarre un enseignement au Pratt Institute, à la Cooper Union et à la New York Studio School tout en participant à la biennale du Withney.

Dans les années 1970 elle change la manière de traiter ses thèmes préférés autour de la sexualité, de la féminité, du corps, de la solitude aussi, et réalise des sculptures monumentales dont les fameuses "araignées" qui représentent sa mère (Maman 1999). En 1999, elle reçoit le Lion d'or de la Biennale de Venise pour l'ensemble de son oeuvre.

Ce n'est qu'à 71 ans qu'elle accède à une réelle reconnaissance lors de la première rétrospective organisée pour une artiste femme, au MOMA de New York, en 1982.

Plus tard en 2008, le Centre Pompidou à Paris met en perspective une exposition de plus de 200 oeuvres (peintures, sculptures, dessins, gravures) en collaboration avec le Tate Modern de Londres.

Viendront ensuite des expositions à la fondation Antoni Tàpies à Barcelone, puis une exposition complète de sa série des "Cells" au musée Guggenheim de Bilbao.

En 2009, alors qu'elle a 98 ans, elle est honorée par le National Women's Hall of Fame avec neuf autres citoyennes américaines pour avoir marqué l'histoire des États-Unis.

Katsushika Hokusai naît en octobre 1760 dans le district d'Edo près de Tokyo au Japon. Il y vivra sa vie durant. À l'âge de trois ans, il est adopté par une famille de miroitiers et il va entrer en apprentissage à 15 ans dans un atelier qui réalise des gravures à l'aide de blocs de bois, qui est une méthode d'impression alors très populaire au Japon au cours du XVIIIème siècle.

Cette technique est connue sous le nom d'*Ukiyo-e* et permet de réaliser des peintures colorées à l'aide de gravures sur bois.

Cet apprentissage, il le complète à 18 ans, en intégrant une école de gravure, la Katsukawa Shunsho Art School, du nom de son professeur Shunsho. Shunso est lui même un artiste reconnu de *Ukiyo-e*, qui signifie littéralement "peintures du monde flottant".

Hokusai signe ses premières estampes du nom de Shunrõ.

Par la suite, il étendra ses connaissances artistiques sous l'égide d'un autre maître, Yusen, de la Kano School of Arts.

En 1793, il est expulsé de Shunsho, peu de temps après la mort de son maître, pour des raisons inconnues.

Dans les années qui suivent, il fréquente des cercles de poètes et d'acteurs de théatre Kabuki et illustre certaines de leurs oeuvres sous un nouveau nom d'artiste, Sōri. Plus tard, Hokusai sera connu sous plus de trente noms différents, ce qui était une pratique commune à l'époque, au sein de la communauté artistique japonaise.

Hokusai se marie à deux reprises, mais ses deux épouses décèdent quelque temps plus tard. Il aura cependant cinq enfants avec elles, deux garçons et trois filles, dont la dernière sera également artiste.

Au fil de l'eau, le travail d'Hokusai évolue de dessins d'acteurs ou de courtisans vers des paysages naturels et des représentations de la vie quotidienne.

C'est en 1800, que son nom d'artiste devient connu de son environnement social sous le nom de Katsushika Hokusai. En 1814, il publie un recueil de carnets de croquis, les Hokusai manga.

Sur les dix années qui suivent, le travail d'Hokusai gagne en popularité et en reconnaissance, mais c'est véritablement à partir des années 1820 et 1830, qu'Hokusai, ayant alors dépassé la soixantaine, va atteindre le sommet de son art.

Durant cette période, il va réaliser l'une de ses oeuvres majeures, les *36 vues du mont Fuji,* incluant la célèbre *Grande Vague de Kanagawa.* Il utilise notamment le bleu de Prusse, couleur nouvellement introduite au Japon.

D'autres séries de peintures et d'estampes vont suivre, dont *Les Vues des ponts célèbres, Les Cascades de différentes provinces*, et les séries d'*Oiseaux* et de fleurs, *Grandes Fleurs* et *Petites Fleurs*.

De 1834 à 1849, il reprend la thématique du Mont Fuji et publie les *Cent vues du Mont Fuji*. Cependant, à partir de 1839, et faisant suite à l'incendie de son studio, son étoile commence un peu à pâlir, notamment à cause de la concurrence de jeunes artistes.

Rien n'arrête cependant Hokusai qui continue de peindre à plus de 87 ans. Il meurt en avril 1849, à 89 ans et aurait déclaré sur son lit de mort "Si seulement le Ciel me donnait dix ans de plus, même juste cinq ans de plus, alors je pourrais devenir un vrai peintre".

Un des écrits, retrouvé après sa mort, indique qu'il pensait que c'est seulement parvenu à l'âge de 130 ans qu'il aurait véritablement atteint le sommet de son art pictural, ayant complètement compris l'essence de ses sujets, que ce soient les oiseaux, les insectes, les plantes ou les poissons.

La reconnaissance internationale du talent d'Hokusai survient à la fin du XIXème siècle, période où son travail va fortement influencer les peintres impressionnistes, comme Monet, Van Gogh et Degas, ainsi que les musiciens comme Claude Debussy, qui reprend la Grande Vague de Kanagawa pour son oeuvre musicale *La Mer*.

Yayoi Kusama a au moins deux points communs avec Louise Bourgeois. Celui d'avoir développé une perception particulière de la sexualité à la suite des frasques adultères de son père, et celui d'une reconnaissance tardive.

Yayoi Kusama est née en 1929 au Japon et dès l'âge de 10 ans elle est victime de troubles hallucinatoires dont elle s'échappe grâce à la pratique du dessin et par la représentation de pois.

Elle qui déclare que "ma vie est un pois perdu parmi des milliers d'autres pois" s'avère obsédée par ce motif depuis l'enfance.

Sa mère, qui se venge sur elle des incartades de son mari volage, tente de contrecarrer sa volonté de poursuivre des études artistiques et cherche à la marier à tout prix. Il en résulte sur son esprit déjà sujet aux hallucinations infantiles, une nouvelle obsession sur la représentation de symboles phalliques.

La société japonaise de l'époque, encore très patriarcale, ne facilite en rien l'émancipation et le désir d'indépendance des femmes. Les règles hiérarchiques et les méthodes d'enseignement traditionnelles de l'Ecole secondaire de Kyoto où elle y étudie la peinture ne lui conviennent guère.

Dans les années 60, installée à New York, elle s'intègre au mouvement hippie et prône à l'unisson son hostilité à la guerre, à l'ordre établi et son adhésion à l'amour libre.

Grâce à son amitié avec l'artiste féminine Georgia O'Keefe, elle obtient des expositions qui lui permettent de vendre ses oeuvres. Rencontrant notamment Andy Warhol et Claes Oldenburg, elle devient au fil du temps une figure de la scène artistique new-yorkaise. Durant ces années, elle peint notamment *sa série des filets d'infini (Infinity Nets)*. Sa peur du sexe et des relations intimes la conduit également à produire la série *Accumulation*, composée de nombreuses pièces phalliques. Cette série sera suivie de celle intitulée *Infinity Mirror*, basée sur des répétitions sans fin.

En 1966, elle crée un mini scandale à la Biennale de Venise où, bien que non invitée, elle installe 1500 boules, en acier inoxydable réfléchissantes, sur la pelouse où s'inscrit l'évènement et en affichant un panneau "votre narcissisme à vendre". Bien qu'expulsée de la Biennale par la police, elle retient l'attention des visiteurs et comprend que la communication et la publicité sont des éléments essentiels à la reconnaissance d'un ou d'une artiste.

À la fin des années 60, elle reproduit un mini scandale à Wall Street en peignant des danseurs nus avec des pois bleus. Là encore la police intervient et met fin au happening. Elle recommence juste après au MOMA de New York en re-convoquant ses danseurs nus sur une performance intitulée *Grand*

Orgy to Awaken the Dead. Celà lui permet de nouveau d'attirer l'attention sur elle.

En 1972, à la suite de la mort de l'artiste d'assemblage Joseph Cornell auquel elle est très liée, elle travaille les collages en hommage à sa mémoire. À ce moment là, elle retourne au Japon, entre dans un établissement psychiatrique, écrit des poésies, de la fiction et produit des oeuvres d'art.

Sur la période suivante et jusqu'en 1993, son art reste relativement peu promu jusqu'au moment où on lui demande de représenter le Japon à la 45e Biennale de Venise. Représentant des citrouilles en pointillés, une des séries *Infinity Mirror Room* rencontre un vif succès.

Yayoi Kusama n'acquiert une reconnaissance internationale qu'à partir de 1990, alors qu'elle est déjà sexagénaire.

Aujourd'hui, Yayoi Kusama jouit d'une grande reconnaissance internationale en vendant ses oeuvres sur tous les continents. En 2018 elle est même classée comme l'artiste la plus chère du marché mondial de l'art. Au Japon, le musée Yayoi Kusama est l'un des plus visités.

Récemment une collaboration s'est installée entre l'artiste japonaise et Louis

Vuitton (LVMH) qui concerne plus de 450 produits de la marque prestigieuse de luxe.

Le portrait de Yayoi Kusama s'affiche désormais sur des façades prestigieuses à Paris, Londres, New York, Milan et Tokyo.

Être élu pape est un autre moyen d'acquérir une célébrité internationale sur le tard.

En effet si à part les initiés presque personne ne peut citer l'intégralité des noms des quelques 130 cardinaux éligibles, celui d'entre eux qui est élu pape, par les 120 cardinaux électeurs qui composent le Conclave, devient célèbre dans le monde entier le jour même de son élection.

La plupart des papes sont largement sexagénaires au moment de leur élection et octogénaires à la fin de leur pontificat.

Jorge Mario Bergoglio, actuel pape François, ex archevêque de Buenos Aires, a été élu au pontificat en 2013 à l'âge de 76 ans et est actuellement âgé de 87 ans.

À l'élection, le pape devient évêque de Rome, chef de l'Eglise catholique et chef d'État monarchique de la cité du Vatican. Il devient ainsi l'interlocuteur naturel de tous les autres chefs d'État à l'étranger.

Si être élu pape est un moyen indiscutable d'accéder sur le tard à une notoriété internationale, il n'est cependant pas aisé d'être élu, même si les conditions d'éligibilité sont relativement larges: il suffit d'être un homme, de ne pas être âgé de plus de 80 ans et d'être baptisé.

La réalité est bien sûr plus compliquée puisque dans les faits, seule une quarantaine de cardinaux sont "papabile" et susceptibles de recueillir les deux tiers des voix du Conclave.

Le pape François est nommé évêque auxiliaire de Buenos Aires en 1992 et cardinal en 2001 par Jean Paul II. Avant son élection il est déjà très populaire, mais principalement en Argentine.

3. MOYEN NUMÉRO TROIS: PRATIQUER DES SPORTS EXTRÊMES OU BIEN RÉALISER DES EXPLOITS SPORTIFS

Un stéréotype courant, c'est qu'on ne peut réaliser des exploits sportifs que lorsqu'on est jeune et en pleine force de l'âge. Et bien non, ce n'est pas toujours vrai, comme le démontrent les exemples suivants :

En mai 2022, **Rut Larsson,** une suédoise de 103 ans devient la personne la plus âgée au monde à sauter en parachute. Elle est bien sûr entrée aussitôt dans le livre Guinness des records.

Rut a déclaré en arrivant au sol: "c'était merveilleux de faire celà et j'y pensais depuis longtemps". Ses aides l'ont aidée à se relever et lui ont remis son déambulateur en mains.

Elle s'est récompensée de son propre exploit en mangeant un petit gâteau.

Son exemple a emballé les réseaux sociaux car en réalisant son exploit, Rut Larsson a ravi le record à une Américaine de 78 jours sa cadette et elle a démontré qu'il n'y a pas d'âge pour réaliser ses rêves les plus fous.

Yūichirō Miura, alpiniste japonais, devient en 2003, à l'âge de 70 ans, la personne la plus âgée à atteindre le sommet de l'Everest, exploit qu'il renouvellera en 2008 à l'âge de 75 ans et en 2013 à 80 ans.

Lors de sa tentative de 2008, le record lui est ravi temporairement par l'alpiniste népalais Min Bahadur Sherchan qui réalise le même exploit à 76 ans.

À noter qu'en 1970 Yūichirō Miura descend le col sud de l'Everest à skis en partant de 8000 mètres. Il atteint la vitesse de 150 km/h, son parachute prévu pour servir de frein s'avère inutile et il termine sa course incontrôlée sur la fin, à 100 mètres d'une énorme crevasse.

Un jour il a déclaré : "Tout le monde, quel que soit son âge, devrait avoir un objectif à atteindre. Peu importe qu'il soit grand ou petit. Il faut simplement que ce soit quelque chose que l'on veuille vraiment faire". Pour lui, si on a un rêve d'accomplissement, il ne faut jamais baisser les bras et abandonner, car alors les rêves deviennent réalité.

Lors de son 90ème anniversaire il fête l'évènement au sommet du mont Teine à Sapporo à une altitude beaucoup plus modeste de 1000 mètres.

Son propre père a gravi le Kilimandjaro (5 895 mètres) à 77 ans.

Fauja Singh, né en 1911 en Inde, participe à son premier marathon à l'âge de 89 ans, notamment après avoir perdu un de ses fils, décapité par une tôle métallique lors d'une tempête de mousson. Fou de douleur après cette tragédie, il part à Londres rejoindre un autre de ses fils et commence à courir pour oublier ce drame.

À l'âge de 90 ans il est déjà le marathonien le plus rapide de sa catégorie en bouclant les 42km en sept heures et cinquante-deux minutes.

Sa dernière course en compétition sera un parcours de 10 km à travers Hong Kong, bouclé en une heure et demie à l'âge de 102 ans.

L'activité sportive de Fauja Singh lui a apporté une célébrité mondiale dans le milieu des compétitions sportives, au point notamment qu'Adidas a fait de lui l'un de ses porte-parole.

Il était un enfant fragile et on a dit de lui qu'il n'a appris à marcher qu'à l'âge de 5 ans.

Il y a aussi des marathoniennes âgées et devenues célèbres, à l'instar d'**Hariette Thompson**, qui en 2015 à l'âge de 92 ans est devenue la plus vieille femme à boucler un marathon à San Diego. Survivante d'un cancer, son marathon de San Diego a permis de collecter plus de 100 000 dollars en faveur d'une association finançant la recherche sur la leucémie et les maladies lymphoïdes.

Olga Kotelko se tourne vers l'athlétisme à l'âge de 77 ans avec l'aide d'un entraîneur hongrois. Elle enchaîne alors pompes quotidiennes et abdos intensifs. Elle rajoute des séances d'aquagym, des exercices de respiration et de réflexologie, et bien sûr des entraînements d'athlétisme.

Elle a participé à de nombreuses épreuves sportives de style olympique, notamment le lancer du poids, le javelot, le saut en longueur, le saut en hauteur et diverses épreuves de course à pied. Ce qui a rendu son histoire particulièrement exceptionnelle, c'est sa capacité à établir des records mondiaux et à performer à un niveau indéniable dans sa tranche d'âge, battant fréquemment des records qui tenaient depuis des années.

Sa durée de vie et ses performances athlétiques inhabituelles ont attiré l'attention des chercheurs et des scientifiques désireux de comprendre les éléments physiologiques et héréditaires qui ont contribué à sa prospérité. Son soutien dans divers examens a permis de faire la lumière sur le système de maturation et la possibilité de suivre le niveau de santé et de bien-être réel à un âge plus avancé.

L'histoire d'Olga Kotelko a motivé de nombreuses personnes à rester dynamiques et à rechercher leurs intérêts sans se soucier de mûrir. Elle reste l'image de ce qui peut être accompli grâce à l'assurance, l'engagement et l'affection pour le sport, même dans les dernières phases de la vie.

Julia Welles Hawkins est née en Février 1916 dans le Wisconsin USA. Après avoir étudié à l'université de Louisiane de Baton Rouge, elle épouse Murray Hawkins en décembre 1941, juste après le bombardement de Pearl Harbor où Murray résidait. Le couple aura quatre enfants, dont l'une de leur fille Margaret écrira un livre de mémoire sur sa mère.

Connue pour ses réalisations exceptionnelles en athlétisme, Julia « Hurricane » Hawkins a commencé très jeune à participer à des épreuves d'athlétisme, elle s'est rapidement fait remarquer et a commencé à faire sensation dans le monde du sport.

À l'âge de 101 ans, Hawkins a couru le 100 mètres en 40,12 secondes aux championnats américains d'athlétisme en plein air Masters en 2017 et est devenue la femme la plus âgée de tous les temps à réaliser une telle performance en compétition. Elle avait couru le 100 mètres en 39,62 secondes plus tôt cette année-là.

Le record du 60 mètres appartient également à Julia Hawkins.

En raison de sa vitesse remarquable malgré son âge avancé, cet exploit lui a valu le surnom de « *Hurricane Hawkins* ».

Elle et **Orville Rogers**, âgé de 100 ans, ont établi des records du monde de sprint de 60 mètres lors du Championnat national d'athlétisme en salle Masters 2018.

Hawkins a couru les sprints aux Jeux nationaux seniors de juin 2019.

Le 15 août 2021, **Diane «Flash» Friedman**, 100 ans, a battu Hawkins pour son groupe d'âge au 100 mètres aux Jeux du monde.

4. MOYEN NUMÉRO QUATRE: FAIRE DES DÉCOUVERTES

La recherche scientifique nécessite bien sûr que les chercheurs disposent à la fois de solides connaissances préalables et d'un excellent sens de l'observation.

Ils doivent aussi faire preuve de créativité, et d'une curiosité leur permettant de s'extraire des schémas de pensée convenus ou même de théories établies.

L'âge moyen des lauréats du prix Nobel augmente sur une longue période, atteignant aujourd'hui 68 ans. **John Goodenough**, physicien et chimiste américain spécialisé sur le magnétisme et la supraconductivité a pour sa part reçu le prix Nobel de physique en 2019, à l'âge de 97 ans pour ses travaux sur les batteries lithium-ion, devenant ainsi le plus âgé des lauréats.

Certains chercheurs particulièrement brillants et précoces accèdent très vite à la notoriété, à l'instar du mathématicien **Jean-Pierre Serre**, reçu premier à l'agrégation de mathématiques à 22 ans et lauréat de la médaille Fields à 27 ans. A 29 ans, il est élu au Collège de France.

Mais pour beaucoup d'autres, le chemin d'accès à la notoriété par le moyen de la recherche scientifique ou médicale s'avère beaucoup plus long.

Ainsi **Pierre Agostini,** physicien français né en 1941, vient de recevoir le prix Nobel de physique en 2023 à l'âge de 82 ans pour ses travaux sur la technologie attoseconde, aux côtés de deux autres lauréats, dont la franco-suédoise **Anne L'Huillier**. À cette occasion, il a d'ailleurs regretté d'avoir dû prendre sa retraite vingt ans auparavant et s'exiler aux États-Unis alors qu'il avait encore plein d'énergie.

Autre cas d'accès tardif à une notoriété internationale, celui du biologiste **Luc Montagnier,** distingué par le prix Nobel de médecine à l'âge de 76 ans pour sa découverte du virus du sida, en compagnie de **Françoise Barré-Sinoussi** et **Harald zur Hausen.**

Plus tard, Luc Montagnier sera davantage sous le feu des médias pour certaines controverses au sujet de l'origine de la pandémie de Covid 19, qu'il attribue à une création humaine en laboratoire, pour ses propos en faveur du lobby antivax et pour son soutien aux homéopathes et à la théorie de la mémoire de l'eau.

A noter qu'à l'âge de 65 ans, Luc Montagnier est contraint, par la loi française, à prendre sa retraite et à quitter l'Institut Pasteur. L'affaire fait scandale et comme il rejette totalement cette idée de mise à la retraite il part s'exiler aux États-Unis, puis ensuite en Chine, à l'université de Shanghai, pour poursuivre ses travaux.

Le professeur Montagnier décède à l'Hôpital américain de Neuilly sur Seine en 2022 à 89 ans, laissant derrière lui une image double de brillant chercheur s'étant fourvoyé sur la fin de sa vie dans des thèses complotistes et des théories médicales non démontrées.

Autre cas de notoriété tardive, **Louis Pasteur**. Il naît en décembre 1822 à Dole dans le Jura. Après avoir passé ses deux baccalauréats en lettres et en sciences mathématiques, il soutient ensuite sa thèse de doctorat en sciences à la Faculté des Sciences de Paris. Puis il devient professeur suppléant à la Faculté des Sciences de Strasbourg. Il épouse alors la fille du recteur et lui fait cinq enfants.

En 1853, à l'âge de 31 ans, la République le distingue une première fois en lui attribuant la Légion d'Honneur, puis un an plus tard, il part à Lille, comme doyen de la faculté des Sciences où il travaille notamment sur la fermentation de la bière, sur la fermentation lactique, sur les maladies du vin. Tous ses travaux seront le prélude aux techniques de pasteurisation et de conservation des aliments.

Pasteur, longtemps proche de l'Empereur Napoléon III, devient Commandeur de la Légion d'honneur en 1868 après avoir subi une attaque d'apoplexie qui lui laisse des séquelles à vie. Il sera fait Grand-Officier dix ans plus tard.

En 1882, Louis Pasteur est reçu à l'Académie Française, alors que son équipe vient de mettre au point un vaccin contre le charbon des moutons.

Mais c'est véritablement à partir de 1885, alors qu'il est âgé de 63 ans, qu'il accède à une véritable notoriété internationale grâce à la découverte du vaccin antirabique. Il meurt à 73 ans près de Garches et des obsèques nationales sont alors organisées pour lui rendre un dernier hommage.

Vernon Lomax Smith est un économiste américain âgé de 96 ans qui enseigne encore l'économie et les finances à la Chapman University de Californie. Smith continue à publier des travaux de recherche, écrit des livres et voyage constamment au travers des États-Unis pour faire des lectures à divers auditoires. Il est, ou a été, board member de différents grands éditeurs de revues économiques dont l'*American Economic Review.*

Passionné par l'économie, Vernon Smith a enseigné cette matière pendant des années dans diverses universités américaines, dont celle d'Arizona ou en Virginie à la George Mason University.

En 2002, Vernon se voit décerner le Prix Nobel de Sciences Économiques, alors qu'il est âgé de 76 ans.

Récemment, Vernon Smith a déclaré: « je pense que je n'ai jamais été aussi bon ou meilleur que maintenant. En partie parce que j'ai plus de connaissances dans divers domaines que mes collègues plus jeunes qui sont encore dans un processus d'apprentissage ».

Peter W. Higgs naît le 29 mai 1929 à Newcastle au Royaume-Uni. Sa mère est écossaise et son père à un job d'ingénieur du son à la BBC.

Le jeune Peter est de santé fragile, il souffre d'asthme et va devoir, enfant, suivre ses cours à domicile du fait de cette pathologie.

À partir de 17 ans, il étudie les maths et la physique jusqu'à l'obtention d'un PhD au King's College de Londres en 1954.

Une fois son diplôme en poche, Peter Higgs intègre l'université d'Edinburgh en Écosse, comme chercheur. Après quelques années pendant lesquelles il travaillera à Londres, il revient s'établir à l'université d'Edinburgh, pour de bon cette fois.

En 1964, Peter Higgs, en compagnie de deux autres chercheurs, François Englert et Robert Brout, suggère une théorie permettant d'expliquer pourquoi la plupart des particules ont une masse. Higgs et ses collègues théorisent qu'un boson encore non identifié jour un rôle clé dans ce phénomène de physique quantique.

Cette théorie est notamment exposée dans deux publications de Higgs en 1964, intitulées : *« Broken Symmetries, Massless Particles and Gauge Fields »* et *« Broken Symmetries and the Masses of Gauge Bosons »*.

Higgs est alors Maître de conférences en sciences mathématique et physique à l'université d'Edinburgh.
Passé la cinquantaine, Peter Higgs commence à se faire distinguer par diverses récompenses, avec notamment la Hughes Medal de la Royal Society en 1981, et la Rutherford Medal de l'Institut de Physique

en 1984, mais c'est surtout après la soixantaine qu'il en récoltera le plus, jusqu'à l'obtention du Prix Nobel de Physique en 2013, partagé avec **François Englert**, alors qu'il est déjà âgé de 84 ans.

Avant même l'obtention du Prix Nobel, la notoriété internationale de Higgs lui était acquise dès 2008, lorsqu'à la suite d'une série d'expérimentations dans l'accélérateur de particules dit : « Large Hadron Collider » du CERN à Genève en Suisse, l'existence du boson de Higgs décrit par la théorie, fut prouvé. La confirmation de cette preuve a été apportée en 2013.

Peter Higgs est décédé en avril 2024, à l'âge de 94 ans.

5. MOYEN NUMÉRO CINQ: ALLER DANS L'ESPACE

Le tourisme spatial est doté d'un bel avenir, à n'en point douter au vu des progrès fulgurants de la technologie spatiale et de l'intérêt de tout un chacun pour la découverte et l'exploration du cosmos.

Outre la station spatiale internationale (ISS) qui accueillit son premier touriste spatial **Dennis Tito** en avril 2001, alors qu'il avait 60 ans, d'autres acteurs se positionnent déjà sur ce futur marché lucratif à l'instar de SpaceX, Blue Origin, Virgin Galactic.

Plus modestement des vols stratosphériques effectués par des fusées ou vaisseaux tels New Shepard ou VSS Unity ont accueilli des célébrités telles que Jeff Bezos ou Richard Branson.

Les Russes ne sont pas en reste puisque certaines missions Soyouz ont déjà permis à une actrice et un cinéaste de rejoindre la station spatiale internationale.

L'histoire de **John Goodwin** mérite d'être rappelée. Né en 1943 en Angleterre, il participe aux Jeux Olympiques de Munich en 1972 comme canoéiste puis détenant différents records dans cette spécialité lors de parcours effectués aux USA, dans l'Himalaya et en Arctique, Jon Goodwin est diagnostiqué de la maladie de Parkinson en 2014. Tout en combattant cette maladie, il aide ses semblables grâce à des donations.

En 2023, à l'âge de 80 ans, il embarque à bord du vaisseau Virgin Galactic et décolle du Nouveau Mexique avec deux autres touristes spatiaux, une mère et sa fille. Il devient ainsi le premier participant à des Jeux Olympiques à faire un voyage dans l'espace.

Goodwin avait acheté son billet pour l'espace en 2005 pour 250 000 dollars bien avant que sa maladie ne soit diagnostiquée et son vol n'a pu se réaliser que 9 ans après que celle-ci se soit déclarée. Il pensait alors durant cet intervalle de temps que jamais son rêve ne pourrait se réaliser, notamment parce qu'il craignait que Virgin Galactic n'annule son vol au vu de sa condition physique, ce que Virgin Galactic n'a pas fait.

Même si le vaisseau VSS Unity de Virgin Galactic, qui est lancé à partir d'un avion porteur appelé White Knight Two, n'effectue que des vols suborbitaux jusqu'à 80 km d'altitude, il permet à ses passagers d'expérimenter l'état d'apesanteur pendant quelques minutes.

De façon similaire, l'américaine **Wally Funk** devient célèbre en juillet 2021, à l'âge de 82 ans, en effectuant également un vol suborbital lors de la mission Blue-

Origin New Shepard-16, en atteignant l'altitude de 107 km. Wally Funk effectue son vol en bonne compagnie puisque l'équipage du vaisseau comprend Jeff Bezos, son frère Mark et un jeune de 18 ans, Oliver Daemen, qui devient ainsi la plus jeune personne à voler dans l'espace.

Il faut dire que Wally Funk n'en était pas à son coup d'essai avec l'aéronautique puisqu'elle avait décroché sa licence de pilote dès l'âge de 17 ans. Bien que fort douée en matière de pilotage d'engins divers, allant des planeurs aux hydravions, elle ne put devenir pilote commercial ou pilote de chasse dans l'US Air Force, parce qu'à cette époque, les femmes n'étaient pas autorisées à embrasser de telles carrières.

Elle devient en revanche instructeur, puis inspecteur au sein de la Federal Aviation Administration (FAA).

Le fait que les Russes commencèrent à envoyer des femmes dans l'espace avec Valentina Teresshkova en 1963, puis Sveltana Savitskaya en 1982 et 1984 (première femme à faire une sortie extravéhiculaire dans l'espace), finit par convaincre la NASA américaine de faire de même en 1984.

Au demeurant, la NASA, dès sa création en 1958, n'avait jamais explicitement exclu les femmes de ses programmes d'entraînement.

À partir de 2007 le Congrès américain reconnait officiellement la contribution de Wally Funk et de ses collègues.

6. MOYEN NUMÉRO SIX: INFLUENCER SUR LES RÉSEAUX SOCIAUX

De plus en plus les seniors se lancent à leur tour sur les réseaux sociaux pour publier des contenus qui sont d'ailleurs assez souvent à destination de beaucoup plus jeunes qu'eux-mêmes. On les appelle les « grandfluenceurs ».

Née en 1928 pendant la Grande Dépression, **Helen Van Winkle** a perdu son mari Earl dans un accident de voiture lors de leur 35e anniversaire de mariage. En 1999, le fils d'Helen, David, est mort à l'âge de 46 ans après une courte bataille contre le cancer, une perte qu'Helen a encore du mal à comprendre.

« Je me suis battu pendant des années en essayant de surmonter la mort de mon fils et de mon mari », admet Helen. « J'ai mené une vie très triste, mais j'ai dû avoir l'air d'aller et être fort pour ma fille, mes 5 petits-enfants et mes 3 arrière-petits-enfants. »

Elle est devenue une sensation sur le Web à l'âge de quatre-vingt-cinq ans en téléchargeant une image sur Twitter, tout en portant les vêtements de son arrière-petite-fille. A la suite de cela, elle fut suivie par la chanteuse Rihana sur les réseaux sociaux et le succès s'ensuivit. Son slogan de divertissement sur le Web « Stealing yo man since 1928 » (je te vole mec depuis 1928) est devenu momentanément célèbre en 2016.

Son compte Instagram *baddiewinkle* recense à ce jour 3,2 millions de followers

Elle est connue pour son humour et pour lutter contre l'âgisme à travers son propre style, en portant des vêtements fantaisistes.

Winkle est une lobbyiste dont l'auto-expression est une déclaration d'insatisfaction à l'égard du secteur de l'excellence et des fausses restrictions qu'il impose aux gens, et en particulier aux femmes. Elle a un grand nombre de fidèles via le divertissement en ligne, où elle publie des photographies et des enregistrements d'elle-même, souvent avec des robes intrigantes aux imprimés exceptionnels, ou de petits vêtements pour soutenir l'énergie corporelle.

Moins suivi qu'Helen Van Wickle, **Studio Danielle** (1,1 million de followers sur Instagram) est composé d'un duo composé de **Danielle**, 69 ans et d'**Arthur**, de 38 ans son cadet.

Le parler vrai de Danielle et une certaine forme de naïveté ont d'abord conquis Arthur, alors que Danielle était l'aide-soignante de son grand-père. Le duo a fait connaissance en 2013 et c'est en octobre 2015 que Studio Danielle a démarré et a fait de Danielle l'une des mamies les plus célèbres de la Toile.

Sur Facebook, Danielle s'implique dans divers sujets allant du soufflé au chocolat, au paiement de la TVA, en passant par des paris idiots avec son compère Arthur ou des saynètes à la mer ou à la montagne.

Arthur et Danielle ont débarqué en juillet 2022 comme candidats dans l'émission TV Fort Boyard.

Shirley Curry, qui se donne le surnom « Skyrim Grandma » est une Youtubeuse américaine qui s'est fait connaître dans l'univers des jeux vidéo.

Shirley Curry est née en 1936 et a pris sa retraite en 1991 après avoir travaillé successivement dans une usine de bonbons et dans le département vêtements du groupe Kmart Corporation.

A 60 ans, Shirley s'initialise à l'univers des jeux vidéo grâce à son fils qui lui fait découvrir le jeu de stratégie *Civilization II* qui vient alors juste de sortir. Elle suit alors des groupes de joueurs vidéo sur YouTube et fait des vidéos autour de *Skyrim,* un jeu qui permet de mener librement une aventure personnelle dans un monde virtuel.

Assez vite, Shirley accumule les abonnés à sa chaîne vidéo jusqu'à en dépasser le million en 2022, année ou malheureusement elle fait un AVC durant son sommeil.

Depuis lors elle récupère de cet accident de santé. Bien qu'ayant oublié comment on jouait, elle a exprimé ses souhaits pour le futur de sa résidence dans l'Ohio.

7. MOYEN NUMÉRO SEPT: FAIRE DE LA RADIO- TELEVISION OU DE LA PUB

Le 17 janvier 1989 est enterrée au Cimetière de Saint-Hymer près de Pont-l'Évêque dans le Calvados, une ancienne lavandière dont le nom de naissance est **Jeanne-Marie Le Calvé.**

Jeanne-Marie a alors 95 ans et a travaillé toute sa vie d'abord comme garde-barrière sur des passages à niveau, puis comme lavandière à la fin de la Seconde Guerre mondiale. D'abord mariée à un employé de la Compagnie des Chemins de Fer de l'Ouest, Yves Marie Denis, dont elle divorcera en 1939 après lui avoir fait cinq enfans, elle refait sa vie avec un autre homme qui décèdera dans les bombardements.

C'est en 1972, sous le pseudonyme de **« La Mère Denis »** que Jeanne Marie, alors âgée de 79 ans va entrer dans la notoriété télévisuelle en devenant l'égérie d'une campagne publicitaire TV promouvant la marque de machines à laver Vedette.

Entre 1972 et 1980, La Mère Denis devient connue de 80% des Français. Le publicitaire Jacques Séguéla est enthousiasmé en découvrant les publicités de la Mère Denis, orientées sur le retour à la terre, l'authenticité, la France d'hier et de toujours avec son slogan phare :« Ça, c'est vrai ça ! » et prononcé : « Ch'est ben vrai cha ! ». Séguéla dira ce cette campagne de pub : « c'est la campagne que j'aurais aimé faire. »

Le naturel et le charisme de la Mère Denis l'élèvent rapidement au rang d'une vedette de la pub et alors même, clin d'œil de son destin télévisuel, qu'elle faisait la promotion de la marque Vedette.

En 1976, alors qu'elle est âgée de 83 ans, elle est l'invitée de Bernard Pivot dans l'émission *Apostrophes,* puis désignée personnalité la plus marquante de l'année par le magazine Paris Match.

Elle est caricaturée par le dessinateur Cabu, s'insère dans un sketch de Coluche, devient l'égérie d'un livre de recettes de cuisine, et fait même l'objet d'un portrait dans le New York Times en 1976.

Devenue un peu la grand-mère des Français, elle s'éteint en 1989 à l'âge de 95 ans, après avoir vécu toute sa vieillesse à l'abri du besoin grâce aux revenus de ses prestations publicitaires.

En juillet 1913, **Germaine Soleil** naît dans le douzième arrondissement de Paris et deviendra l'aînée d'une fratrie de 4 enfants.

Née dans une famille pauvre, elle travaille dès l'âge de 12 ans pour aider sa famille à joindre les deux bouts et enchaîne les petits boulots.

A 20 ans elle devient la secrétaire d'un escroc notoire, Serge Alexandre Stavisky, français d'origine russe, et responsable d'un des plus grands scandales financiers du XXème siècle. Ce dernier sera retrouvé mourant dans un chalet de Chamonix, sa mort n'ayant jamais vraiment été élucidée, entre suicide ou assassinat.

Dès cette période et avant même que le scandale Stavisky éclate, obligeant ce dernier à s'enfuir, Germaine Soleil est persuadée d'avoir des dons extra-sensoriels.

Germaine se marie mais, lorsque son mari revient de la guerre, leur petite famille est ruinée et la pauvreté se réinstalle. Un forain se persuade alors des dons de voyance de Germaine et lui permet d'exercer cette faculté dans une roulotte. Après quelques années ainsi, le succès vient enfin et elle s'attache une clientèle fidèle Boulevard Poissonnière à Paris, où elle installe son cabinet de voyance.

En 1970, alors âgée de 57 ans, grâce à l'un de ses clients réguliers, elle parvient à rencontrer le responsable d'Europe 1 qui lui propose d'intervenir quotidiennement au micro de la célèbre et populaire station de radio. L'émission est d'emblée un grand succès d'audience, Madame Soleil faisant les prédictions astrologiques du jour signe par signe zodiacal.

Germaine Soleil s'installe ainsi pendant 23 ans derrière le micro d'Europe 1, tant le succès est durable. Sa clientèle s'étend à une population de personnalités du monde politique, des affaires et du show-biz.

En 1971, le Président Georges Pompidou ajoute, s'il en était besoin, à la notoriété de Germaine en répondant à une question sur l'avenir de la France lors d'une conférence de presse : « je ne sais pas, je ne suis pas Madame Soleil ».

Madame Soleil sait aussi s'attacher l'attention des petits enfants, en devenant l'astrologue attitrée du *Club Dorothée*. A la fin des années 80 elle participe à l'émission dominicale de Jacques Martin, *Le monde est à vous.*

Germaine Soleil décède le 27 octobre 1996 à Levallois Perret à l'âge de 83 ans.

D'une manière plus générale, force est de constater que faire de la télévision ou de la radio conserve ceux qui en font, à l'instar de **Jean-Pierre Elkabbach**, décédé récemment à l'âge de 86 ans, mais qui intervenait encore régulièrement sur les antennes quelques mois avant sa mort, ou encore **Michel Drucker**, 81 ans, toujours fidèle au poste malgré de très sérieux ennuis de santé, ou encore **Alain Duhamel**,

83 ans, le « compère » de Jean Pierre Elkabbach, chroniqueur régulier de BFM TV.

On pourrait aussi citer **Michel Chevalet,** 84 ans toujours journaliste scientifique et reconnu pour sa célèbre émission télévisée *« Comment ça marche ? »*

Ce qui prouve que lorsqu'on conjugue talent et passion pour son métier il n'y a pas de limite d'âge et le succès acquis plus jeune perdure.

8. MOYEN NUMÉRO HUIT: DEVENIR ACADÉMICIEN OU RECEVOIR UN PRIX LITTÉRAIRE

Il semble que jusqu'en 1981 les toilettes du palais de l'Institut de France, quai de Conti à Paris, étaient exclusivement masculines. Pourquoi en effet prévoir des toilettes mixtes alors même que cette noble institution n'accueillait que des hommes ?

Mais en 1980, **Marguerite Yourcenar**, alors âgée de 76 ans, est élue à l'Académie Française et devient la première femme à y siéger en succédant à Roger Caillois.

Soutenue dans son élection par Jean d'Ormesson et contre la majorité de ses confrères attachée à la tradition masculine de l'Académie, ce dernier, interrogé par un journaliste américain sur ce que cette élection allait changer déclare : « désormais il y aura deux toilettes, une réservée aux messieurs, une autre pour Madame Yourcenar ».

Cette élection consacre la notoriété nationale et internationale de Marguerite Yourcenar, même si la publication de son roman *les Mémoires d'Hadrien* en 1951 connaît un succès mondial et assoit sa réputation d'écrivain majeur. Ce roman lui vaut de recevoir différents prix littéraires dont le Prix Femina-Vacaresco, le Prix de l'Académie Française et un prix américain.

Si en 1968 elle avait déjà reçu le prix Femina pour *L'œuvre au noir*, en 1977 elle est distinguée par le grand Prix de l'Académie Française pour l'ensemble de son œuvre.

En 1986 elle est faite Commandeur de la Légion d'Honneur.

Marguerite Yourcenar meurt en décembre 1987 à Bangor aux États-Unis à 84 ans.

Annie Ernaux naît en Normandie en 1940. Elle publie son premier roman, *Cleaned Out (Les Armoires Vides)* en 1974 dont le sujet traite de l'avortement et qui est en partie autobiographique.

Elle retraitera de ce sujet plus tard dans *l'Évènement*. Dix ans plus tard, en 1984, elle gagne le prix Renaudot pour son roman *A Man's Place* également autobiographique sur ses relations parentales.

En 2008, elle publie « *The Years- les Années* », livre ou elle parle d'elle-même à la troisième personne et qui lui vaut notamment de gagner le Prix de la langue française.

Pour être direct, même si Annie Ernaux bénéficie d'une reconnaissance dans les milieux littéraires du fait de ses œuvres, elle reste très largement méconnue du grand public jusqu'à ce 6 octobre 2022 où elle est récompensée, à l'âge de 82 ans, du Prix Nobel de littérature des mains du Roi de Suède, Carl XVI Gustaf.

Dès lors, outre une reconnaissance internationale immédiate, elle voit ses ventes de livres multipliées par dix sur l'ensemble de ses ouvrages disponibles en librairie.

Annie Ernaux n'est pas la première femme à bénéficier sur le tard d'une célébrité internationale grâce à la récompense d'un Prix Nobel. On peut aussi citer les cas de la poétesse polonaise **Wislawa Szymborska**, couronnée du célèbre prix en 1996, à l'âge de 73 ans ou celui d'**Alice Munro**, première femme canadienne à être distinguée du Nobel à l'âge de 82 ans pour l'ensemble de ses nouvelles décrivant la vie ordinaire de « gens normaux » sous forme d'histoires courtes.

En dehors du Canada, Alice Munro est restée relativement méconnue jusqu'en 1977, quand son travail commence à être publié dans *The New Yonkers*. Elle a alors 46 ans.

9. MOYEN NUMÉRO NEUF: DEVENIR LE « HÉROS » D'UNE CRISE OU D'UNE SAGA ENTREPRENEURIALE

Les histoires suivantes montrent qu'une célébrité peut s'acquérir soudainement en fin de carrière, à l'occasion d'une crise externe surgie de nulle part, ou en reconnaissance d'un parcours professionnel hors du commun.

En septembre 1890, dans une ferme de l'Indiana, naît **Harland David Sanders**, premier d'une famille de trois enfants. Son père meurt alors qu'il n'a que cinq ans, laissant sa mère, simple aide-ménagère, s'occuper de lui et de la fratrie. Elle doit travailler de nuit pour améliorer les faibles revenus de la famille. Harland David en profite pour cuisiner et apprendre les recettes culinaires de base. Cela le passionne. Sa mère se remarie avec un producteur de denrées alimentaires et Harland devient ouvrier agricole jusqu'à l'adolescence. Conducteur de tramway un temps après, il s'engage dans l'armée américaine et effectue son service militaire à Cuba. Il enchaîne ensuite les petits boulots, puis crée une société de bateaux à vapeur sur l'Ohio. Il ouvre ensuite une manufacture de lampes à carbure, mais fait faillite rapidement, concurrencé par l'extension de l'électrification des campagnes.

Ruiné, il trouve un emploi de cheminot dans les chemins de fer de l'Illinois et obtient un diplôme de droit à l'université, ce qui lui permet de devenir juge de paix lors de son licenciement des chemins de fer en 1915. Ça marche plutôt bien pour lui jusqu'au jour où il est radié de sa profession de juge après s'être battu avec un client en salle d'audience.

Il part avec sa famille dans le Kentucky en 1930, a 40 ans, et prend la gérance d'une station-service Shell. Il cuisine pour ses clients qu'il sert chez lui, car il n'a pas de restaurant dans la station-service. Les plats servis sont simples, poulet, frites, jambon purée et biscuits, mais c'est plutôt bon et ça plait.

Tant et si bien qu'en 1931, il ouvre le Sanders café, un restaurant de 142 couverts où il fait l'homme-orchestre : chef cuisinier, caissier, pompiste. Il trouve même le temps de prendre des cours de gestion à l'université Cornell, puis reçoit du gouverneur de Kentucky le surnom de « Kentucky Colonel » car il fait honneur à la cuisine locale. Les clients finissent par venir plus pour déguster le poulet maison que pour faire le plein de leurs réservoirs.

Comme il fait aussi motel, il installe une chambre et une toilette témoin dans la salle de restaurant pour inciter ses clients à dormir sur place.

En 1939, le « Colonel », qui a bientôt la cinquantaine, fait un carton plein lorsqu'un critique gastronomique célèbre son établissement, le *Sanders Court and Café,* dans son guide gastronomique. Dans la foulée, Sanders améliore sa recette de poulet frit en y ajoutant des herbes et des aromates et en utilisant un autocuiseur pour raccourcir les temps de cuisson.

Son « titre » de colonel le sert pour bâtir un personnage qui devient le « Colonel Sanders » et il s'habille aux couleurs du Sud.

La seconde guerre mondiale le contraint à fermer le motel en 1942, mais il garde l'idée que la formule a encore du potentiel sous la forme de franchises. Les restaurants de poulet commencent à s'étendre sous l'impulsion de Peter Harman un entrepreneur avec lequel Sanders avait travaillé sur le projet de franchisage. Une marque est créée et ça sera *Kentucky Fried Chicken*, un slogan accompagne « bon à s'en lécher les doigts », le *bucket* de frites devient l'accompagnement type, et ça marche jusqu'à ce qu'un projet d'autoroute fasse s'effondrer la valeur de ses commerces et le laisse ruiné une nouvelle fois à 66 ans.

Il survit un temps grâce aux modestes versements de la Sécurité Sociale, puis reprend son bâton de pèlerin et sillonne l'Amérique dans sa vielle Ford pour convaincre de nouveaux franchisés. La petite histoire dit qu'il aurait essayée plus de mille fois de convaincre un restaurant d'investir dans sa recette. Toujours est-il qu'à la force du poignet, en 1963, la chaîne *Kentucky Fried Chicken* commence à générer des profits significatifs.

En 1959, il revend son affaire à des investisseurs proches du gouverneur du Kentucky et il devient ambassadeur officiel de la marque. Il apparait dans toutes les publicités et voyage dans le monde entier, il s'investit dans des œuvres charitables et adopte près de 80 enfants orphelins étrangers.

En 1969, alors qu'il à 79 ans, il peut éprouver la fierté de voir *Kentucky Fried Chicken* entrer en bourse.

Il se brouille avec la marque en voulant utiliser son nom pour ouvrir un restaurant en propre et doit finalement le faire au nom de sa femme. S'il doit fermer dans les années 1980, un sondage le désigne comme l'une des personnes les plus populaires au monde et il publie un livre intitulé : « Ma vie, telle que je l'ai vécue, a été bonne à s'en lécher les doigts » (*Life I have known nit has been finger lickin'good*).

Il meurt d'une leucémie à 90 ans et tous les restaurants dans le monde entier mettront alors le drapeau en berne. La recette du poulet et de ses onze herbes aromatiques, inchangée depuis 1940, reste un secret soigneusement protégé et est conservée en exemplaire unique dans un coffre-fort du siège social de la marque.

Didier Lombard devient à 63 ans PDG de France Telecom, devenu Orange. Il succède ainsi à **Thierry Breton** alors nommé ministre de l'Économie, des Finances et de l'industrie dans le gouvernement **Dominique de Villepin**.

Jusqu'alors Didier Lombard n'est connu que du milieu très fermé de l'industrie des télécommunications et de l'informatique et des conseils d'administration des grands groupes du CAC 40. Diplômé de l'École

Polytechnique et de l'École Nationale Supérieure des Télécommunications, il commence en 1967 sa carrière au sein du Centre National d'Études des Télécommunications (CNET), et devient le directeur de l'un de ses centres, puis il bifurque vers le ministère de l'Industrie en ayant passé par des groupes industriels tels que Bull et Thomson.

Sa nomination à la tête de France Telecom lui apporte bien sûr une notoriété nationale en France et aussi internationale dans le milieu des télécoms, mais c'est en fait sur une tout autre affaire, dont Didier Lombard se serait certainement bien passé, que son nom va faire la une des médias et des

réseaux sociaux pendant des semaines :
l'affaire des suicides à France Telecom.

Alors que certains organes de presse
dévoilent que plusieurs dizaines de
personnes par an se suicident, notamment
sur leur lieu de travail, à France Telecom
du fait d'un plan NEXT de restructurations
internes incessantes et autoritaires selon les
syndicats, Didier Lombard commet une
maladresse majeure de communication en
septembre 2009 lors d'une conférence de
presse à l'issue de sa rencontre avec le
ministre du Travail Xavier Darcos. Il
déclare en effet vouloir mettre un « point
d'arrêt à cette mode des suicides qui choque
tout le monde. »

Devant l'avalanche de réactions indignées à ce qu'un suicide pourrait être une mode, Didier Lombard est obligé de rétropédaler dès le lendemain en commettant une nouvelle bourde de communication lors de ses excuses au micro de RTL. Il dit alors avoir par erreur utilisé le mot « mode » qui était la traduction du mot anglais « mood » qui veut dire humeur.

Bien sûr cette excuse alambiquée ne convainc personne et ne fait qu'emballer un peu plus la machine médiatique qui dès lors ne s'arrête plus. D'anciennes déclarations de Didier Lombard refont surface. Alors que le plan NEXT prévoyait de supprimer 22 000 postes entre 2006 et 2008, il avait déclaré devant une assemblée de cadres : «

ces départs je les ferai par la porte ou par la fenêtre ». Cette déclaration qui resurgit prend un tour d'autant plus macabre qu'en septembre 2009, une salariée du groupe de 32 ans, Stéphanie, se défenestre sur son lieu de travail à Paris.

D'abord obligé de céder la fonction de Directeur Général à Stéphane Richard qui finira par le remplacer totalement, Didier Lombard se voit contraint d'annoncer sa démission du poste de Président du Conseil d'Administration d'Orange, puis de Conseiller spécial en mars 2011.

Après une première condamnation pour harcèlement moral institutionnel, Didier Lombard a vu sa peine allégée en septembre 2022 par la Cour d'Appel de Paris.

En 1930, à Omaha dans l'état du Nebraska, naît **Warren Buffet** d'une mère au foyer et d'un courtier en bourse, membre du Congrès américain. Très tôt, passionné par les marchés financiers et influencé par le travail de courtier de son père, Warren achète sa première action à l'âge de 11 ans et déclare un premier revenu à 13 ans.

Après des études universitaires, d'abord en Pennsylvanie, puis au Nebraska et enfin à Colombia University, à New York, où il fait la connaissance de l'investisseur Benjamin Graham, il s'intéresse aux sociétés sous-évaluées en bourse mais d'une valeur réelle supérieure (*value investing*). Déterminer la valeur réelle d'une société en investiguant en profondeur ses ratios financiers sera la marque de fabrique de Warren Buffet tout au long de sa carrière d'investisseur et la raison essentielle de son succès.

A 26 ans, Warren Buffet crée sa propre société la *Buffet Associates*. Il devient millionnaire à 30 ans. Il rachète à bas coût une usine textile moribonde la *Berkshire Hathaway* en 1962, utilisant cet investissement comme véhicule pour réaliser d'autres investissements toujours basés sur le principe du rachat de sociétés sous évaluées par le marché.

Les actions de *Berkshire Hathaway* qui valaient alors 8 dollars finissent par valoir 550 000 dollars.

Buffet s'investit ensuite dans l'assurance vie en utilisant le fait que les compagnies d'assurance vie bénéficient toujours d'avances de trésorerie, dues au fait que les primes sont toujours versées par les assurés avant que les fonds placés ne deviennent libérables.

Par la suite Warren ne s'arrête plus et investit dans des firmes prestigieuses comme Coca Cola, American Express, Apple ou Bank of America.

Connu pour sa frugalité et son mode de vie resté modeste en dépit de sa fortune, aujourd'hui évaluée à 120 milliards de dollars, Warren Buffet 93 ans a promis de léguer toute sa fortune à des organisations charitables en coordination avec son ami Bill Gates. `

Surnommé « the Oracle of Omaha » Warren est devenu l'un des hommes les plus riches du monde, sans bénéficier d'un héritage, après avoir commencé comme vendeur des rues de Coca-Cola, en étant jeune. Par la suite il vend des cigarettes et des magazines en sus des canettes de Coca Cola et investit toutes ses économies dans des actions. `

Après avoir été millionnaire à 30 ans, Warren profite du choc pétrolier des années 70 pour acquérir à prix cassés des entreprises. Ainsi Warren est devenu milliardaire à 56 ans et devient au fil du temps une source d'inspiration permanente pour les investisseurs, sachant que sa gestion du temps est un élément majeur de sa réussite. Il a d'ailleurs coutume de dire que « la bourse est un moyen de transférer l'argent des impatients aux patients. » Sa capacité à attendre les bonnes opportunités et à conserver ses positions sur le long terme est légendaire.

En 1999, alors âgé de 69 ans, Warren est distingué meilleur investisseur du XXème siècle.

A 78 ans, sa fortune surpasse celle de son ami Bill Gates, fondateur de Microsoft, et il devient le 5ème homme le plus riche du monde en 2022.

Aujourd'hui âgé de 93 ans, Warren Buffet reste un monument de la finance internationale et un oracle toujours très écouté des investisseurs et spécialistes financiers.

Didier Raoult naît en 1952 à Dakar (Sénégal) d'un père médecin originaire de Bretagne et d'une mère infirmière marseillaise, elle-même petite fille d'un médecin des hôpitaux de Paris et infectiologue réputé. Cette ascendance médicale l'oriente, après des études secondaires plutôt médiocres, vers une carrière médicale, après avoir passé son internat à la faculté de médecine de Marseille. Ne pouvant devenir obstétricien comme il l'aurait souhaité compte tenu de son classement au concours, il devient infectiologue comme son arrière-grand-père maternel, Paul Le Gendre.

Spécialiste de l'étude des virus et bactéries, le grand prix de l'INSERM lui est décerné en 2010, prix qui rend hommage à un chercheur dont les travaux ont permis des progrès significatifs dans les domaines de la physiologie humaine, de la thérapeutique et plus globalement dans le domaine de la santé.

Si Didier Raoult bénéficie d'une notoriété parmi les milieux de la recherche médicale sur la zone de Marseille où il est successivement praticien hospitalier au sein de l'Université d'Aix-Marseille, puis directeur de l'Institut hospitalo-universitaire Méditerranée de 2011 à 2022, il reste largement méconnu du grand public, même s'il est bien connu des spécialistes des maladies infectieuses et des microbiologistes au travers des plus de 2000 publications dont il est l'auteur. Il est ainsi l'un des chercheurs français les plus prolifiques.

C'est en 2020, à l'occasion de la pandémie de COVID 19, que sa notoriété nationale et internationale va littéralement exploser. En effet Didier Raoult prétend que le COVID 19 peut être traité efficacement grâce à un médicament peu cher et connu depuis longtemps pour prévenir le paludisme, l'hydroxychloroquine (HCQ).

Didier Raoult va obtenir un soutien de poids dans son argumentation en la personne du Président américain Donald Trump qui vante à son tour cette drogue comme un « COVID-killer ».

Assez vite, Didier Raoult apparait comme une figure internationale d'une médecine alternative aux vaccins à ARN messager

Les choses commencent à se gâter pour Didier Raoult lorsque plusieurs faits commencent à émerger, mettant en cause son éthique professionnelle

- Didier Raoult aurait ainsi procédé dès 1993 à des prélèvements sanguins sur des populations sans domicile fixe et vulnérables à des fins d'analyse bactériologique et de publication des résultats dans des revues scientifiques, sans avoir reçu aucune des autorisations nécessaires pour intégrer des êtres humains dans une telle démarche. L'argument alors mis en avant par le Professeur Didier Raoult pour se justifier est qu'il ne s'agissait pas d'effectuer un protocole de recherche, mais juste de dispenser des soins.

- Ce même argument sera repris pour les essais cliniques effectués auprès de plus de 30 000 patients lors de l'épidémie de COVID. Didier Raoult et son équipe affirment que sur la base d'un diagnostic précoce, d'une mise à l'isolement et d'un traitement précoce d'au moins trois jours à l'hydroxychloroquine, cela conduit à un meilleur évitement des formes graves et à une réduction plus rapide de la charge virale qu'avec n'importe quel autre traitement. Cependant, deux rapports accablants seront détaillés, l'un par l'Agence nationale de sécurité du médicament (ANSM), et l'autre par l'Inspection Générale des Affaires Sociales (Igas) qui mettront à bas ces allégations et souligneront des pratiques et études scientifiques illégales de l'IHU Méditerranée dont Didier Raoult est le Directeur.

- Par ailleurs le Professeur Raoult est l'objet de procès en diffamation pour harcèlement envers un chercheur et sa propre fille.

Cette dernière, Magali Carcopino-Tusoli, avec laquelle il s'est fâché définitivement lors d'une querelle familiale dira de lui lors d'une interview au journal L'Express : "Mon père se rêvait prix Nobel, il est devenu leader des complotistes."

10. MOYEN NUMÉRO DIX: BASCULER DANS LA DÉLINQUANCE

Si souvent un parcours délinquant s'initie lors de l'adolescence ou un peu plus tard, ne conduisant leurs auteurs qu'à l'anonymat des prisons ou des établissements psychiatriques, force est de constater que certains anciens basculent sur de mauvais chemins et attirent l'attention des médias nationaux ou internationaux, à l'occasion d'affaires retentissantes, au sein desquelles ils ont le rôle principal.

En 1965, celui qui fut le plus vieux condamné à mort de France, s'éteint d'une congestion pulmonaire à l'hôpital hospice

144

de Digne-les-Bains dans les Alpes de Haute Provence, à l'âge de 88 ans. Son nom ? **Gaston Dominici.**

Tout commence le 5 août 1952, lorsque les corps d'un couple anglais et de leur fille Elizabeth âgée de dix ans, les Drummond, sont retrouvés près du village de Lurs dans les Alpes de Haute Provence. Ils ont été tués de plusieurs coups de carabine vers une heure du matin, alors qu'ils s'étaient arrêtés la veille au soir au bord de la route pour passer la nuit dans leur voiture, sur leur trajet de vacances. Le crâne de la fillette a été défoncé à coups de crosse.

Très vite les soupçons des enquêteurs se portent sur Gaston Dominici, un paysan de

75 ans, dont la ferme se situait à 150 mètres du lieu du crime.

Gaston Dominici avoue le triple meurtre, puis se rétracte, déclarant qu'il voulait se sacrifier pour protéger ses deux enfants, Clovis et Gustave Dominici.

L'affaire suscite très vite une émotion considérable à la fois par le côté atroce de l'acte commis, par la personnalité de l'accusé, par les mensonges successifs des protagonistes, par l'aspect international, les victimes étant anglaises, et par l'absence de mobile, de preuve ou d'arme du crime à l'encontre de Gaston Dominici. Dès lors, Gaston Dominici, né en janvier 1877 et qui a 75 ans, va défrayer la chronique judiciaire nationale et ensuite internationale.

Les rumeurs se déchaînent : certains prétendent que l'une des victimes, Jack Drummond était en fait un agent secret, expert en armes chimiques et membre des services de renseignement anglais et qu'il aurait été assassiné par un commando militaire des services spéciaux. Il se trouve qu'une usine de produits chimiques, à laquelle s'intéressait peut-être Jack Drummond, est installée près du village de Lurs.

Les deux fils de Gaston, Gustave et Clovis accusent successivement leur père du triple meurtre, puis se rétractent à leur tour.

Dès lors la confusion et le doute s'installent dans les esprits: coupable ou innocent? tout cela dans un environnement paysan à l'ancienne. Gaston est surnommé le Patriarche de la Grand Terre, et la personnalité hors du commun de l'accusé, véritable chef de clan, a été parfaitement interprété par Jean Gabin dans le film « L'affaire Dominici » en 1973.

Le commissaire enquêteur, Edmond Sébeille, jeune policier de la 9ème brigade mobile de Marseille est lui-même un personnage qu'on surnomme le « Maigret marseillais ».

Pour la Justice en tous cas, il n'y a guère de doute : Gaston Dominici est coupable. Il est condamné à mort en 1954, même s'il clame son innocence tout au long du procès.

Sa condamnation est ensuite commuée en réclusion criminelle à perpétuité en raison de son grand âge, puis il est gracié par le Général de Gaulle et libéré le 14 juillet 1960 après avoir passé six ans à la prison des Baumettes à Marseille.

Aujourd'hui encore le doute subsiste sur la réelle culpabilité de Gaston Dominici dans cette affaire criminelle exceptionnelle.

Outre le film du réalisateur Claude Bernard-Aubert de 1973 avec Jean Gabin comme interprète, l'affaire Dominici alimentera pendant des années la chronique de quantités de journaux, radios ou émissions TV, tant en France qu'à l'étranger, rendant ainsi célèbre Gaston Dominici qui n'en n'aurait certainement jamais imaginé autant.

Bernard Madoff, dit aussi Bernie Madoff naît le 29 avril 1938 à New York City dans le Queens d'une famille modeste issue de l'immigration. Ses grands-parents étaient en effet originaires d'Europe de l'Est. Après avoir suivi les cours de la *Far Rockaway High School*, il intègre l'Université d'Alabama en 1956 mais n'y reste qu'un an. Il rejoint alors la *Hofstra University* et acquiert un « Bachelor of Arts » en sciences politiques. Il fréquente ensuite une école de droit pendant un an, la *Brooklyn*

Law School, afin de quitter définitivement le système scolaire et universitaire pour fonder sa propre société, la Bernard L. Madoff Investment Securities LLC.

Il opère comme agent de change et démarre avec seulement 5 000 dollars. Sa firme n'étant pas membre du New York Stock Exchange (NYSE), il s'en affranchit des règles. Au fil du temps et avec l'aide de son frère Peter, sa société attire de plus en plus des ordres venant d'autres agents de change en leur offrant une rémunération pour leurs ordres, rendue possible par la différence entre l'offre et la demande, mécanisme du « *payment for order flow* ».

Madoff parvient à réaliser de meilleurs deals que les autres faiseurs de marchés et même du NYSE, notamment en utilisant avant les autres les technologies numériques lui permettant d'être plus rapide et compétitif que ses concurrents.

Sur la base de ses succès financiers, Madoff participe à de nombreuses réunions des instances de régulation ou d'associations financières telle que le SIA (*Securities Industry Association*).

En 1971, un certain Gordon Macklin désireux aussi d'utiliser les technologies numériques pour faire le trading de certains titres, va être à l'origine de la création du NASDAQ.

Étonnamment quand on connaît la suite, la SEC (*Securities and Exchange Commission*), le régulateur américain, voit plutôt d'un bon œil le fait que Madoff ouvre la voie à plus de compétition, notamment pour les faiseurs de marchés du NYSE.

Madoff et son frère en profitent pour resserrer leurs relations avec les juristes et dirigeants de la SEC, y compris en leur faisant visiter leur petite salle des marchés (trading room), et en leur donnant confiance en leur propre activités.

En 1987, sous l'Administration Reagan, survient une crise des marchés qui donne l'occasion à Bernie Madoff de devenir co-président du NASDAQ et de suggérer des recommandations d'amélioration, compte tenu de son expertise reconnue.

Bernie Madoff est alors de tous les « trading committees » compte tenu de sa connaissance des structures de marchés, renforçant partout sa crédibilité.

Le patron du NYSE et Bernie Madoff finissent par s'entendre comme larrons en foire. Dans le même temps, Bernie Madoff sponsorise les évènements de la SIA et leur offre même des locaux après les attentats du 11 septembre sur le World Trade Center.

Le résultat de tout cela fut que Bernie et son frère Peter jouissaient d'une telle confiance des organismes de régulation que ces dernières étaient très peu incitées à contrôler les activités de la Bernard L Madoff Investment Securities.

Madoff attire de riches investisseurs en leur promettant des retours en gain significatifs et continus au travers d'une stratégie d'investissement appelée *split-strike conversion*, stratégie légale au demeurant.

Très introduit dans la communauté juive de New York, Madoff attire des investisseurs riches et prestigieux tels que certains fonds charitables (Elie Wiesel Foundation for Peace, the global women's charity Hadassah) ou des personnalités du show biz, du cinéma ou des médias (John Malkovich, Kevin Bacon, Jefferey

Katzenberg de Dreamworks, Larry King, ou Steven Spielberg).

Rien qu'en 2008, juste avant le scandale, la société de Madoff annonce des résultats annuels en hausse de 5,6%, alors que dans le même temps l'indice Standard and Poors (S&P) chute de 39%.

En 2008, le scandale éclate, bien que des avertissements préalables aient été lancés dès 2000 et 2005 par un analyste financier, Harry Markopolos, auprès de la SEC, avertissements restés ignorés par cette dernière institution.

La réalité est que Madoff a bâti un montage financier frauduleux appelé pyramide de

Ponzi, dans lequel les investissements des clients acquis sont uniquement rémunérés par les fonds apportés par les nouveaux clients. Le système s'écroule dès lors que les apports financiers des nouveaux entrants s'avèrent insuffisants pour couvrir les rémunérations des clients existants.

Bernard Madoff et sa société ne réalisait donc aucun placement financier pour le compte des clients qu'il appâtait, en leur faisant miroiter des retours très au-dessus du marché, mais se contentait de les rémunérer en attirant continuellement des clients nouveaux pour alimenter la pyramide de Ponzi.

Le retournement des marchés financiers à partir de 2007 aux Etats-Unis, avec la célèbre crise des *subprimes,* va être fatale à Bernie Madoff et faire s'écrouler sa pyramide. La fraude avait commencé des années auparavant, peut-être dès 1975, même si Madoff a déclaré devant la justice qu'il l'avait initiée seulement en 1990.

Madoff a dupé et spolié des milliers d'investisseurs de dizaines de milliards de dollars, apparaissant ainsi comme l'un des plus grands fraudeurs financiers des temps modernes. En 2011, le montant dû aux clients s'élevait à 57 milliards de dollars, sachant qu'au début des investigations la fraude était évaluée à 65 milliards de dollars.

Plus « raisonnablement » un ancien patron de la SEC, Harvey Pitt, a estimé par la suite que la fraude nette n'était comprise que dans une fourchette de 10 à 17 milliards de dollars.

Même si la crise des *subprimes* n'est pas due aux agissements de Bernie Madoff, ce dernier en est toutefois devenu le symbole et aussi celui d'une finance devenue folle et ravagée par l'appât de gains faciles et rapides.

Cette affaire a bien entendu rendue Madoff célèbre dans le monde entier à l'âge de 70 ans et son procès sera suivi par des journalistes du monde entier d'autant que Madoff a financé des politiques du Parti

Démocrate pendant ses heures de gloire et était très impliqué avec les responsables des autorités de régulation des marchés financiers qui étaient censées le contrôler.

Il meurt en prison à l'âge de 82 ans de maladies chroniques en avril 2021 au centre pénitentiaire de Butner en Caroline du Nord.

En mars 1952, un tailleur de diamants et sa femme donne naissance à Harvey dans le Queens à New York. Leur nom ? **Max et Miriam Weinstein.**

Harvey voit bientôt arriver un petit frère, Bob, au sein de cette famille juive dont les grands-parents maternels sont des immigrés venus de Pologne.

Harvey Weinstein, après avoir terminé ses études secondaires à la *John Bowne High School* poursuit des études universitaires à Buffalo dans l'État de New York, près du lac Érié.

Dans les années 1970, Harvey et son frère Bob, s'associent alors à Buffalo dans une société de production de concerts de rock, la *Harvey and Corky Productions*. Puis vers la fin de la décennie 70, usant des profits ainsi réalisés, ils fondent une compagnie indépendante de productions de films, la Miramax, fusion des prénoms de leurs parents.

Au début de années 1980, la Miramax réalise un premier succès avec le film *The Secret Policeman's Othert Ball* qui vise à défendre et à soutenir financièrement l'action d'Amnesty International.

C'est surtout en 1989, avec la production de *Sex, Lies, and Videotape*, un film dirigé par Steven Soderbergh et distribué par Miramax Films, qui gagne la Palme d'Or du Festival de Cannes, que la Miramax devient l'un des studios en vogue aux Etats-Unis.

Dans les années 1990, Miramax poursuit sa croissance en étoffant son catalogue de droits et en faisant entrer Disney au capital de la compagnie. En 1994, Miramax Films distribue *Pulp Fiction*, un thriller écrit et réalisé par Quentin Tarantino et qui réunit un casting prestigieux avec notamment John Travolta, Samuel Jackson, Uma Thurman, Bruce Willis et Rosanna Arquette.

Le film, entièrement financé par Miramax est un énorme succès et remporte la Palme d'Or à Cannes et gagne plusieurs Oscars lors de la 67ème cérémonie de l'Academy Awards à Los Angeles.

En 1997, les succès commerciaux s'enchaînent avec les films *Clerks, The English Patient* ou *Shakespeare in Love.*

En 2005, les frères Weinstein quittent Miramax et fondent The Weinstein

Company (TWC), avec notamment Quentin Tarantino.

Bien sûr, à ce moment-là Harvey Weinstein est connu du tout Hollywood et plus généralement de tous les milieux du cinéma en Amérique du Nord et en Europe. En revanche il reste très largement méconnu du grand public.

En octobre 2017 le New York Times publie un article détaillant des années de harcèlement sexuel ou de viols commis par Harvey Weinstein avec des témoignages d'actrices telles que Rose McGowan ou Ashley Judd.

Quelques jours plus tard, treize autres femmes témoignent dans le *New Yorker* magazine, dont trois se plaignent d'avoir été violées.

La plupart des plaignantes décrivent un scenario assez similaire. Weinstein reçoit les jeunes femmes en espérance d'un rôle ou d'un casting dans un prochain film dans sa chambre d'hôtel où il commence à se mettre nu et à prendre une douche. Puis il demande alors un massage et tente d'avoir des relations sexuelles. Plusieurs d'entre elles dont l'actrice Asia Argento déclarent avoir été violées par Harvey Weinstein.

Des actrices très célèbres telles que Gwyneth Paltrow ou Angelina Jolie déclarent par la suite avoir été sexuellement harassées par Weinstein lorsqu'elles étaient jeunes.

C'est ensuite au tour de Cara Delevingne de dénoncer des comportements inappropriés du producteur envers elle. Puis de l'actrice britannique Lysette Anthony, qui déclare avoir été violée à Londres dans son appartement.

L'actrice Brit Marling relate sa peur et sa paralysie quand, lors d'une première rencontre dans la chambre d'hôtel d'Harvey pour discuter d'un rôle, ce dernier lui suggère qu'ils prennent une douche ensemble.

À la fin octobre 2017, Georgina Chapman, l'épouse d'Harvey Weinstein, annonce qu'elle demande le divorce.

L'avalanche de témoignages ne s'arrête plus. À la télévision française le chauffeur personnel de Weinstein, Mickael Chemloul, déclare qu'il a conduit de nombreuses aspirantes actrices qui semblaient totalement désemparées après une rencontre avec Harvey Weinstein.

Quentin Tarantino déclare à son tour au New York Times qu'il avait connaissance depuis des années des comportements abusifs de Weinstein envers les femmes et qu'il aurait dû faire quelque chose pour que cela cesse.

Des actrices de nationalités différentes et vivant dans divers pays, dont l'actrice norvégienne Natassia Malthe, l'actrice américaine Daryl Hannah (Kill Bill), ou l'actrice mexicaine Lupita Nyong'o racontent à peu près toutes le même scénario de conduites inappropriées, d'harcèlement sexuel ou de tentatives de viol de la part d'Harvey Weinstein.

George Clooney et Matt Damon prennent alors la parole pour dire que quelque chose doit maintenant changer à Hollywood et qu'il est temps que la parole des femmes soit crue.

Le scandale ne s'arrête plus et devient international faisant la une des médias occidentaux. L'Académie des Oscars vote pour l'exclusion d'Harvey Weinstein, il est obligé de démissionner du board de la TWC, les justices anglaise et américaine sont saisies. On apprend que Weinstein a utilisé des agents privés pour exercer des pressions sur les plaignantes et tenter de les soudoyer pour qu'elles retirent leurs plaintes.

En 2018, Weinstein est mis en examen par la justice américaine pour viols et actes sexuels criminels et le procès a lieu en 2020. Bien que défendu par le même avocat que celui qui a défendu Dominique Strauss Kahn, Benjamin Brafman, il est déclaré coupable et écope d'une peine d'emprisonnement de 23 ans, sentence qu'il reçoit assis sur une chaise roulante à l'âge de 67 ans. Il est condamné une nouvelle fois à 16 ans de prison en février 2023 pour le viol d'une actrice commis à Los Angeles en 2013.

La célébrité internationale acquise par le scandale a tenu autant à la liste impressionnante des plaignantes et à leur renommée (actrices, top models, assistantes de production) que par le fait que ce scandale en lui-même a permis au mouvement *#metoo*, crée en 2007 par la militante afro-américaine Tarana Burke, de s'affirmer dans le monde entier et dans tous les milieux, de Wall Street à Hollywood, en passant par la Silicon Valley, les universités, les entreprises, la politique, les médias, les milieux artistiques et littéraires.

Le mouvement féministe a trouvé son repoussoir absolu en la personne d'Harvey Weinstein et a libéré la parole des femmes à un niveau jamais atteint. En 2019, sortira le film *Bombshell* avec Charlize Theron et Nicole Kidman qui dénonce les agissements de harcèlement sexuel de Roger Ailes, l'un des créateurs de la chaîne de télévision américaine Fox News.

11. MOYEN NUMÉRO ONZE: DEVENIR CHEF D'ÉTAT

Ce moyen d'acquérir une célébrité à la fois nationale et internationale n'est évidemment pas le plus aisé à utiliser et n'est pas à la portée du premier venu, tant il est rare de devenir chef d'état du jour au lendemain sans un long parcours préalable effectué en politique ou dans une carrière y prédisposant. Ce jugement souffre toutefois de contre-exemples, à l'instar d'**Emmanuel Macron** devenu Président de la République en 2017 du jour au lendemain ou de **Rishi Sunak**, ex-Premier Ministre anglais, au chemin de carrière comparable.

Mais de beaucoup plus âgés que ces deux derniers personnages n'accèdent à une fonction suprême qu'après des années dépensées dans des rôles d'apparatchik les confinant dans un anonymat dont ils ne sortent que sur le tard grâce à cette accession à un premier rôle.

En décembre 1906, dans le sud de l'Ukraine près de la rivière Dniepr, à Kamenskoye, cité minière, naît **Leonid Ilitch Brejnev,** d'une famille de travailleurs venus de Kursk. Il a 11 ans quand éclate la Révolution russe. On sait peu de choses des jeunes années de Leonid Illich à l'exception du fait qu'il commence à travailler à 15 ans dans l'aciérie où travaille déjà son père.

Leonid devient membre du Parti Communiste de l'Union Soviétique en 1931 après avoir étudié à l'Institut métallurgique de Dnipropetrovsk (ex Kamenskoye). Il en sort ingénieur diplômé, devient directeur d'une école technique, tout en occupant divers postes locaux au sein du parti.

Leonid va tirer profit de la période stalinienne en devenant responsable régional du PC pour Dnipropetrovsk.

Il fait son service militaire obligatoire dans une unité blindée et sert comme commissaire politique.

Il continue son activité de commissaire politique dans l'Armée rouge pendant la seconde guerre mondiale jusqu'à devenir major général, en 1943, puis responsable des commissaires politiques pour le front ukrainien.

Trop jeune pour avoir des souvenirs précis de la Russie prérévolutionnaire, et avoir participé à l'aventure léniniste, il adhère au stalinisme sans aucun état d'âme. Pendant l'invasion nazie il devient responsable du département politique de la 18ème Armée très engagée sur le front ukrainien.

Son patron dans la hiérarchie politique s'appelle Nikita Khrouchtchev ; il devient alors commissaire politique pour l'ensemble du front sous l'autorité suprême de Joseph Staline.

En fait durant la guerre, Leonid fait beaucoup plus une carrière d'apparatchik que celle d'un commandant militaire.

En 1952, il devient membre du Comité Central du parti communiste. Il a alors 46 ans et il est idéalement placé, à la mort de Staline en 1953, comme protégé et homme de confiance de Khrouchtchev qui succède à Staline comme secrétaire général du parti communiste.

En 1955 il est responsable du PC pour le Kazakhstan, puis devient deuxième secrétaire du Comité Central, puis Président du Soviet Suprême en 1960, même si le pouvoir réel est toujours dans les mains de Khrouchtchev comme secrétaire général du parti.

Fidèle à ce dernier jusqu'en 1963, il bascule dans la dissidence, après la crise des missiles de Cuba qui a affaibli Khrouchtchev. Membre d'un réseau de conspirateurs, dont Anastas Mikoyan est le chef de file, Brejnev contribue au renversement de Khrouchtchev en 1964 et devient premier secrétaire du parti en compagnie d'un duo, Alexis Kosygin et Mikoyan, respectivement Premier Ministre et Chef d'État.

Brejnev accède réellement à la notoriété internationale en 1966, à l'âge de 60 ans quand il devient secrétaire général, rôle que

Staline occupait et dont Brejnev va reprendre les méthodes policières en nommant un dur, Yuri Andropov, à la tête du KGB.

L'invasion de la Tchécoslovaquie en 1968, les affrontements entre la Chine et l'URSS le long de la rivière Ussuri en 1969 et le soutien indéfectible qu'il apporte aux vietnamiens dans leur conflit avec l'Amérique en font l'un des leaders les plus puissants de la scène internationale.

Sous son égide l'URSS rivalise avec les États-Unis dans la course aux armements et la conquête spatiale.

Mais c'est surtout à l'occasion de ce qu'on appellera « la détente », une période d'apaisement entre l'URSS et les États-Unis dans la première partie des années 1970 et qui aboutira, avec la signature conjointe de Richard Nixon, au premier traité de limitation des armes stratégiques (SALT-I), puis des Accords de Paris qui mettent fin à la guerre du Vietnam (1973) et enfin aux accords d'Helsinki en 1975 qui définit les frontières en Europe, que Brejnev marque l'histoire de son pays. Il a alors 71 ans.

En 1977, il pousse vers la sortie Podgornyï, Président du Présidium Suprême de l'URSS, et s'arroge tous les pouvoirs.

En 1979, Brejnev commet personnellement l'erreur de prendre la décision d'envahir l'Afghanistan et de clore l'ère de la détente. Victime d'un AVC en 1982, il meurt la même année d'une crise cardiaque à l'âge de 75 ans.

Deng Xiaoping

Sans lui la Chine ne serait jamais devenue ce qu'elle est, c'est-à-dire l'une des premières puissances économiques du monde. C'est en effet Deng Xiaoping qui va embarquer la Chine dans un développement économique sans précédent avec des taux de croissance annuels de plus de 10% sans discontinuer pendant des années.

Né en 1904 à Sichuan d'une famille de propriétaires terriens de la classe moyenne, Deng Xiaoping va faire comme Brejnev, c'est-à-dire progresser au sein de la hiérarchie du parti communiste chinois.

A 15 ans, il part étudier en France, fréquente la jeunesse marxiste, adhère aux jeunesses communistes chinoises et part poursuivre ses études à Moscou. Il retourne en Chine en 1927 s'intègre au parti communiste chinois (CCP) et participe à la Longue Marche, la retraite militaire de l'Armée rouge chinoise devant l'avance des nationalistes durant la guerre civile entre 1934 et 1936.

Après la guerre civile et la guerre contre le Japon entre 1937 et 1945, Mao Zedong fonde en 1949 la République populaire de Chine et oblige le leader nationaliste Chiang Kai-Shek à fuir à Taiwan.

Deng Xiao Ping a choisi de soutenir Mao dès le début, et se retrouve propulsé secrétaire général du Parti Communiste Chinois en 1954, à juste 50 ans.

En 1958, Mao lance alors le « Grand bond en avant » une mobilisation de masse destinée à favoriser l'agriculture et la production industrielle, mais qui se traduira par la famine et des millions de morts, sans doute 40 millions entre 1959 et 1961.

Cet énorme échec conduit à une mise à l'écart de Mao et permet à un quarteron composé de Deng Xiaoping, Liu Shaoqi, Chen Yun et Zhou Enlai de conduire une politique économique plus libérale qui permet de redresser lentement l'économie, sous l'œil désapprobateur de Mao.

Deng Xiaoping est beaucoup plus discret et pragmatique que Mao et illustrant sa vision libérale de l'économie, il déclare notamment : « ça n'a pas d'importance la couleur noir ou blanc du chat, pourvu qu'il attrape des souris. »

En 1966, Mao affaibli va alors, pour tenter de reprendre la main, lancer la « Révolution Culturelle » destinée à purger la société de ses éléments contre-révolutionnaires et qui conduira à plus d'un million et demi de morts supplémentaires.

A la fin des années 1960, la santé de Mao se détériore, mais durant cet épisode, Deng Xiaoping est une cible, il est exclu du gouvernement et du parti et contraint à retourner dans une province rurale pour travailler dans une usine de tracteurs. Il va rester dans ce purgatoire huit ans jusqu'à ce que Zhou Enlai, lui-même très malade, convainc Mao de reprendre en grâce Deng Xiaoping en 1974.

Il a alors pile 70 ans, lorsque Mao le nomme Vice Premier Ministre.

Quand Zhou Enlai meurt en 1976, Deng Xiaoping est de nouveau la cible de la célèbre « Bande des Quatre », instigateurs de la Révolution Culturelle et soutenus en sous-main par Mao lui-même.

Ce n'est qu'à la mort de Mao en septembre 1976 et la chute subséquente de la bande des Quatre que Deng Xiaoping reprend son ascension au sein du parti et devient en 1981 le chef incontesté de la République populaire de Chine et du Parti communiste chinois. Il en sera ainsi jusqu'en 1992, date de sa démission et de son remplacement par Jiang Zemin.

Deng Xiaoping fut l'un des plus importants leaders chinois dont l'initiative prise dès

1978 de créer des zones économiques spéciales va transformer la Chine d'une économie socialiste rigide vers une économie beaucoup plus pragmatique et tournée vers la croissance.

Malheureusement une tache indélébile restera au débit de Deng Xiaoping ; la répression de la Place Tienanmen en 1989, alors que des milliers d'étudiants y campent pour réclamer davantage de liberté de pensée et d'expression.

Deng Xiaoping, 85 ans au moment des faits, surnommé « le petit Timonier » en opposition à Mao Zedong surnommé « le grand Timonier », sera responsable d'une répression qui fera au moins 1 800 morts et des dizaines de milliers de blessés, mettant fin au « printemps de Pékin. »

Cet évènement assombrira gravement la célébrité internationale de Deng Xiaoping qui s'était particulièrement manifestée entre ses 77ème année et 85ème année.

Il meurt en 1997 à 92 ans d'une infection pulmonaire et de la maladie de Parkinson et fait l'objet de funérailles relativement modestes comparées à celles de Mao Zedong.

Rolihlahla Mandela naît à Mvezo près du Cap en Afrique du Sud le 18 juillet 1918, au sein du clan Madiba. Son père est conseiller d'un roi local, le roi du peuple Thembu, Jongintaba Dalindyebo.

Lorsque son père meurt, il a seulement 12 ans et devient un pupille du roi.

A l'école primaire, sa maîtresse le surnomme Nelson, selon une coutume de donner des prénoms chrétiens aux écoliers.

Le jeune Nelson poursuit ses études secondaires, puis entame un cursus universitaire à l'université collège de Fort Hare, mais rate le diplôme de sortie, un Bachelor of Arts degree, du fait qu'il est exclu pour avoir participé à une manifestation étudiante.

Ce fait met le roi Jongintaba en fureur et par la suite oblige Nelson à s'éloigner et à rejoindre Johannesburg. Il travaille dans une mine comme agent de sécurité et finit par compléter son cursus universitaire en acquérant son Bachelor degree. Il tente également d'acquérir un diplôme de droit à l'université de Witwatersrand mais il la quitte en 1952 sans le diplôme convoité. Il achèvera cette formation avec succès beaucoup plus tard en 1989 durant son séjour en prison.

A 26 ans, Nelson Mandela rejoint le Congrès National Africain (ANC) où il contribue à fonder sa section jeunesse (Youth League).

Il se marie en 1944 avec une cousine et en aura quatre enfants, deux fils et deux filles.

Nelson pousse à une évolution de l'ANC vers un programme d'action de masse plus radical à partir de 1949 et en 1952 est lancée une campagne civile de désobéissance envers six lois considérées comme injustes à la fois par l'ANC et le Congrès Indien Sud-Africain.

Nelson Mandela écope alors de 9 mois de travail d'intérêt général, puis plus tard en 1956, il est arrêté avec plusieurs autres personnes lors d'un raid policier pour trahison. Un procès interminable, resté célèbre sous le nom de *The Treason Trial*, s'ensuit à l'issue duquel il sort acquitté en 1961.

À la suite d'émeutes raciales en mars 1960, au cours desquelles la police tue 69 personnes désarmées, l'état d'urgence est déclaré, Nelson de nouveau arrêté, l'ANC et le Congrès panafricain sont dissous.

Une grève nationale est programmée en 1961 puis reportée devant la mobilisation massive des forces de sécurité et Nelson Mandela est désigné pour conduire la lutte armée contre les autorités. A partir de 1962, Mandela voyage pour glaner des soutiens et reçoit une formation militaire au Maroc et en Éthiopie.

A son retour en Afrique du Sud, il est arrêté pour avoir quitté le pays sans permis et incitation à la grève. Il est condamné à 5 ans d'emprisonnement et part en détention à Pretoria.

En 1963, lors d'un procès pour sabotage, il encourt avec d'autres activistes de la cause noire la peine de mort et prononcera un discours en 1964 qui fera date en déclarant : « Je me suis battu contre la domination blanche et contre la domination noire. Je chérie un idéal de démocratie et de société libre dans laquelle toutes les personnes vivent en harmonie et avec des opportunités égales. C'est un idéal que j'espère vivre et accomplir et si besoin est, c'est un idéal pour lequel je suis prêt à mourir.»

Le 11 juin 1964, Nelson Mandela et sept autres accusés sont condamnés à la prison à vie. Il a 46 ans.

En 1968 et 1969 sa mère et son jeune fils Thembi décèdent et il n'est pas autorisé à se rendre à leurs funérailles.

En 1988 il est diagnostiqué de la tuberculose, hospitalisé quelques mois et remis en prison jusqu'en février 1990, date de sa libération qui coïncide avec le renouvellement de l'autorisation de l'ANC et du Congrès Panafricain, Il aura passé 27 ans en prison et est alors âgé de 72 ans.

Son long combat en prison le propulse dans une célébrité internationale, alors qu'il est élu Président de l'ANC en 1991, puis récompensé du Prix Nobel de la Paix conjointement avec le Président FW de Klerk. En mai 1994 et alors qu'il est autorisé pour la première fois de sa vie à voter, il est élu premier Président d'Afrique du Sud de façon démocratique.

En 1998, à 80 ans, alors que déjà divorcé deux fois, il épouse sa troisième femme, Graça Machel.

Nelson Mandela démissionne en 1999, honorant sa promesse de ne faire qu'un seul mandat présidentiel et s'occupe ensuite de différentes organisations charitables qu'il a lancées, dont un fonds pour les enfants.

Il meurt à Johannesburg en décembre 2013 à l'âge de 95 ans, en étant devenu le symbole mondial de la lutte contre l'apartheid.

Golda Meir

Lorsque naît en 1898 Golda Meir à Kiev en Ukraine, d'une famille que les difficultés économiques ont obligé à émigrer aux États-Unis à Milwaukee dans le Wisconsin alors qu'elle avait 8 ans, rien ne pouvait laisser à penser qu'elle deviendrait plus tard célèbre à 71 ans en étant nommée Première Ministre d'Israël.

A ce titre, elle est la troisième femme dans le monde après Sirimavo Bandaranaike au Sri Lanka et Indira Gandhi en Inde à accéder à un tel rang gouvernemental et la première en Israël.

Mais sa célébrité internationale, qui lui vaudra d'être surnommée successivement « Iron Lady » -la dame de fer d'Israël- à l'instar de Margaret Thatcher au Royaume Uni ou « le meilleur homme du gouvernement » par David Ben-Gurion fondateur d'Israël, elle la doit non seulement au fait qu'elle est l'une des deux femmes ayant signé la Déclaration d'Indépendance d'Israël mais surtout d'avoir conduit aux destinés du pays durant la guerre israélo arabe du Yom Kippour en

1973. Elle a alors 75 ans et elle démissionne un an plus tard en faveur de Yitzhak Rabin. La guerre du Yom Kippour déclenchée conjointement et par surprise par l'Égypte et la Syrie pendant le Ramadan fit plus de 2 600 morts dans les rangs militaires israéliens et sera à l'origine du premier choc pétrolier.

En 2009, elle échappe à New York à un complot d'assassinat organisé par l'organisation terroriste *Septembre Noir* et déjoué par les services spéciaux américains.

Golda Meir décède en 1978 et est enterrée à Jérusalem.

Joe Biden

Le Sénat américain comprend 100 membres à raison de deux par État américain. Qui les connaît ? qui peut en citer au moins cinq ou six sans se tromper et a fortiori en disant de quel État ils sont élus ? Sans doute pas grand monde à part les milieux politiques de Washington et les journalistes accrédités et spécialistes de la politique américaine.

D'ailleurs, posez la question autour de vous de savoir si Donald Trump a été sénateur avant son élection à la Présidence des États-Unis et vous verrez à quel point l'ignorance est répandue sur ce type d'institution et ses représentants.

Donc venons-en maintenant à Joe Biden, sénateur ininterrompu du Delaware pendant 36 ans et inconnu du grand public international pendant tout ce temps à l'instar de ses autres collègues du Sénat. Seuls les électeurs du Delaware, une partie de l'élite politique, administrative et économique des États-Unis le connaissaient plus ou moins bien, mais certainement pas la majorité des Américains et encore moins le reste du monde.

Né en novembre 1942 à Scranton en Pennsylvanie, Joseph Robinette Biden Jr. est issu d'une famille plutôt aisée de Long Island, qui connaîtra des difficultés financières quand il aura 7 ans et obligeront la famille à retourner vivre un temps chez les grands-parents maternels, puis à s'établir dans le Delaware à partir de 1953.

Diplômé en droit de l'Université de Syracuse, il pratique le droit dans un cabinet juridique dirigé par un militant démocrate, ce qui le conduira à embrasser une carrière politique locale au sein de ce parti. Il finit par être élu sénateur du Delaware en 1972 en défaisant un candidat républicain auquel on donnait toutes les chances de victoire. Il est ainsi un des plus jeunes élus à un tel poste.

Quelques semaines plus tard sa femme Neilia et sa fille Naomi, âgée d'un an, périssent, victimes d'un très grave accident de voiture, ce qui suscite pour Joe un élan de sympathie et de compassion dès ce moment auprès des électeurs du Delaware. A noter que la tragédie frappera à nouveau Joe Biden lorsque son fils Beau décèdera d'une tumeur au cerveau en 2015.

Joe Biden se remarie en 1977 avec Jill Tracy Jacobs, une enseignante rencontrée par hasard.

En 1988, Joe Biden tente sa candidature pour être le candidat démocrate à l'élection présidentielle, mais il est contraint de retirer sa candidature sous des accusations d'avoir plagié certains de ses discours et d'avoir enjolivé son CV.

En 2008, il retente le coup mais ne parvient pas à distancer Obama et Hillary Clinton. Cependant Obama est séduit par le style de campagne de Biden et se convainc qu'il ferait le bon ticket avec lui pour la présidentielle.

La convention démocrate qui se tient à Denver en aout 2008 valide ce choix et la suite s'enchaîne avec l'élection des deux hommes en novembre 2008, l'un pour la présidence des États-Unis et Joe Biden pour la vice-présidence. Joe a alors 66 ans et accède à une notoriété nationale et internationale en s'impliquant sur des dossiers très chauds comme l'Afghanistan, l'Iraq ou le Kosovo.

En 2012, Barack Obama est réélu pour un second mandat contre le républicain Mitt Romney et réembarque Joe Biden comme vice-président.

Mais c'est véritablement en novembre 2020 en battant Donald Trump à la recherche d'un second mandat que Joe Biden accède à une stature internationale complète en devenant le 46ème Président des États-Unis à l'âge de 78 ans.

La polémique autour de l'âge de Joe Biden et l'état de ses facultés cognitives s'est récemment emballée à l'occasion de la campagne présidentielle 2024. Accumulant les bourdes et les confusions, au point de confondre Mitterrand et Macron ou de prendre le président de l'Égypte pour celui du Mexique, un rapport du procureur spécial Robert Hur a souligné que Joe Biden était un homme âgé avec une mauvaise mémoire.

Il n'en fallait pas plus pour que le camp républicain se délecte de ce jugement, donnant l'opportunité à Donald Trump de se demander "ingénument" si Joe Biden se souvenait qu'il était encore vivant. Joe Biden a réagi en déclarant à son tour : "Je suis bien intentionné, je suis un homme âgé et je sais ce que je fais, bon sang ! Je n'ai pas de problème de mémoire." Bref les électeurs trancheront bientôt entre un "gâteux et un fou dangereux comme le politologue Dominique Moïsi qualifie respectivement Joe Biden et Donald Trump.

La politique comme moyen de se faire un nom largement reconnu sur la scène nationale et internationale a aussi servi des personnalités aussi diverses que **François Mitterrand**, élu Président de la République française à 65 ans, **François Hollande,** quasi inconnu à ce niveau jusqu'à 58 ans, âge ou il devient à son tour Président ou même **Donald Trump** qui ne s'impose sur la scène mondiale qu'en 2016 alors qu'il a 70 ans et lorsqu'il devient 45ème Président des États-Unis.

12. MOYEN NUMÉRO DOUZE: VOYAGER A TRAVERS LE TEMPS

Il y a plusieurs manières de voyager dans le temps. On peut le faire virtuellement par la voyance en tentant de prédire l'avenir ou par la recherche historique, se tournant vers le passé ou concrètement, en utilisant une machine à remonter le temps, même si comme chacun sait cette machine n'existe pas encore et n'existera peut-être jamais. Toutefois certains prétendent voyager à travers le temps, en taisant bien sûr par quels moyens ils y parviennent. A l'exemple du Comte de Saint-Germain. Quoiqu'il en soit, que le voyageur temporel vienne du passé ou du futur par la pensée ou par quelque moyen non révélé, sa notoriété est vite acquise, même si son âge est avancé, voire très avancé. Prenons quelques exemples :

Il est difficile de situer la date exacte de naissance du **Comte de Saint Germain** puisque les historiens la situent entre 1691 et 1712. Une recherche généalogique laisse à penser qu'il était le fils de Francis Racoczi, Prince de Transylvanie, probablement né en 1690.

Il commence à se faire remarquer dans la haute société européenne à partir de 1742. Le Comte de Saint Germain est alchimiste, travaille sur la transmutation du plomb en or. Il se dit bon ami de Nicholas Flamel, célèbre alchimiste du Moyen Âge, mort en 1418.

Louis XV l'emploie comme diplomate, et il rencontre Giacomo Casanova à l'occasion d'un de ses voyages. Voltaire écrit de lui : « il sait tout et ne meurt jamais ». On dit de lui qu'il est sans âge, qu'il a été témoin du repas de la Cène et a vu Jésus Christ.

Il parle des dizaines de langues étrangères, montre une connaissance approfondie des faits historiques de n'importe quelle époque, joue très bien de la musique. Il prétend avoir des centaines d'années grâce à un élixir magique qui le maintient éternellement jeune et le rend immortel.

Casanova dit notamment de Saint Germain qu'il est âgé de 300 ans qu'il est capable de fondre les diamants aisément.

En 1760 la Comtesse Von Georgy, alors une vieille dame, assiste à une soirée donnée par Madame de Pompadour, maîtresse du Roi Louis XV. Présentée au Comte de Saint Germain, elle est stupéfaite car elle se souvient de l'avoir rencontré 50 ans plus tôt à Venise en 1710, alors qu'il lui faisait un brin de cour. Son apparence physique est restée inchangée, telle qu'elle l'avait connue 50 ans plus tôt. Elle pense rencontrer son fils, mais non, le Comte lui assure être bien celui qu'elle avait connu, laissant la Comtesse totalement incrédule et sans voix.

Il intervient dans un traité de paix lors de la Guerre de Sept ans entre la France et l'Angleterre, puis se concentre exclusivement sur des travaux d'alchimie en Allemagne, auprès du Prince Charles de Hesse Kassel.

Le Comte de Saint Germain est reporté être mort en 1784 mais plusieurs personnes témoignent l'avoir rencontré des années plus tard vers la fin du XVIIIème siècle.

En 1973, un magicien dénommé **Richard Chanfray** qui se produit sur les théâtres parisiens prétend pouvoir transformer le plomb en or et déclare qu'il est le Comte de Saint Germain. Du point de vue de l'état civil, Chanfray est né à Lyon en 1940 et a eu une jeunesse chaotique durant laquelle, vivant le plus souvent dans la rue, il commet de nombreux larcins et agresse même une femme pour la voler.

Sa notoriété, au début des années 1970, se bâtit sur cette affirmation d'être Saint Germain et sur les prédictions et voyances qu'il prodigue à des gens connus. Mais sa notoriété prend une nouvelle dimension lorsqu'il devient l'amant et compagnon de la chanteuse Dalida, dont les deux précédents compagnons, Lucien Morisse et Luigi Tenco, se sont suicidés.

Richard Chanfray, dit Saint Germain, se prétend immortel, pouvoir se remémorer toutes ses vies passées et toujours être capable de transmuter le plomb en or.

Chanfray est emprisonné brièvement pour avoir tiré sur un homme, qu'il découvre nu surpris dans sa cuisine, mais qui s'avère n'être qu'un serviteur. L'homme n'est que légèrement blessé mais cet incident ternit la réputation de Chanfray ; il se sépare de Dalida, mène grand train à Saint Tropez fréquente une fausse baronne, Paula de Loos.

Le 14 juillet 1983 près de Saint Tropez, Chanfray/Saint Germain et Paula de Loos se suicident par ingestion de barbituriques et inhalation de gaz carbonique dans leur voiture.

La question qui se pose dorénavant est : à quand la prochaine réapparition du Comte de Saint Germain ?

En 1911 naît en Bulgarie Vangeliya Pandeva Dimitrova, plus connue sous le nom de **Baba Vanga**. Elle devient aveugle à l'âge de 12 ans à la suite de projection de sable dans ses yeux lors d'une tornade. Elle apprend le braille à l'école et à jouer du piano.

Ses premières prédictions sont faites en 1927 et ne concernent que des mini évènements locaux.

En 1939, elle se remet d'une grave pleurésie contre le pronostic des médecins.

Après ses 30 ans, ses prédictions s'élargissent et elle s'attire une clientèle comme guérisseuse et diseuse de bonne aventure. Parmi ses clients se trouveraient le Tsar Boris III de Bulgarie et même Adolf Hitler. Elle se marie en 1942 avec un soldat bulgare et s'installe à Petrich.

Après la Seconde Guerre Mondiale, sa clientèle s'élargit à des leaders politiques bulgares du parti communiste et même au-delà, puisqu'on cite Léonid Brejnev, futur patron de l'URSS, parmi l'un d'entre eux.

Elle revendique tenir de Dieu son don de voyance.

Dans les années 1960s elle travaille au sein de la municipalité de Petrich et d'un département de l'Académie des Sciences bulgare, « Institute of Suggestology » sur un poste indéfinissable qui ne semble avoir été créé que pour lui permettre d'exercer ses dons de voyance, d'autant qu'elle est quasi illettrée.

Dans les années 1980, certaines de ses prédictions semblent concerner des évènements qui se produiront effectivement plus tard, tels que le naufrage du sous-marin russe Kursk, survenu en août 2000, ou bien les attentats du 11 septembre 2001 aux États-Unis. Concernant cette prédiction, elle aurait déclaré : « horreur, horreur, les frères américains (allusion aux tours jumelles du World Trade Center ?) tomberont après avoir été attaqués par des oiseaux d'acier. Les loups hurleront dans un buisson (bush en anglais, ce qui a amené certains à dire qu'il s'agissait du Président américain Georges W Bush dans la prédiction).

Elle a aussi prédit la mort de la princesse Diana, la catastrophe de Tchernobyl, ainsi que l'élection d'un Président noir comme 44ème président des États-Unis (Barak Obama). Elle a également prédit la date de sa propre mort.

Ses prophéties s'étendent jusqu'en 5079 et elle a prédit l'assassinat de Vladimir Poutine en 2024.

C'est surtout dans les années 1980, alors qu'elle est âgée de 70 ans, que sa notoriété dépasse largement les frontières de la Bulgarie, renforcée par la suite et après sa mort pour avoir aussi prédit le tsunami en Thaïlande (2004) et le Brexit anglais (2020).

Elle meurt d'un cancer du sein en 1996, à l'âge de 85 ans.

On peut aussi acquérir une certaine notoriété sur le tard en voyageant dans le passé grâce à la recherche historique. C'est ainsi le cas de l'historien **Philippe Ariès,** né en juillet 1914 à Blois, sous la Troisième République.

Philippe Ariès, spécialiste de l'histoire médiévale, acquiert une audience significative au sein du grand public à partir de 1975 lorsqu'il publie ses « *Essais sur l'histoire de la mort en Occident: du Moyen Âge à nos jours* », suivi en 1977 du livre « *L'Homme devant la mort* », puis en 1983 « *Images de l'homme devant la mort* », un an avant sa propre mort survenue en février 1984 à 69 ans.

Ces ouvrages, qui vont lui valoir une réelle reconnaissance très tardivement dans sa vie, montrent notamment comment la mort, de publique et acceptée au Moyen Âge devient cachée, honteuse et interdite dans nos sociétés modernes.

Parmi les historiens on peut aussi citer **Jean de Joinville**, chroniqueur et biographe du roi Saint-Louis.

Jean de Joinville, né en Champagne en 1224, rejoint la cour du roi de France Louis IX -futur Saint Louis- en 1241 grâce à l'entremise de son seigneur, Thibaud IV de Champagne. Participant à la septième croisade, devenu Conseiller du Roi, notamment lors de son séjour en Terre Sainte, Joinville en devient un très proche et sera fidèle au roi jusqu'au décès de ce dernier à Tunis, lors de sa dernière croisade en 1270.

Louis IX sera canonisé par l'Église en 1297, prenant l'appellation de Saint Louis, en grande partie grâce au témoignage de Joinville qu'il livrera en 1282 aux enquêteurs ecclésiastiques.

Écrit à la demande de Jeanne de Navarre en 1299, le livre de Joinville intitulé « *Vie de Saint-Louis* » est l'un des plus intéressants du Moyen-Âge. Joinville meurt en 1317 à l'âge de 93 ans, à une époque où dépasser 45 ans était exceptionnel.

13. MOYEN NUMÉRO TREIZE: SURVIVRE À UNE GUERRE, UNE CATASTROPHE OU UNE GRANDE AVENTURE HUMAINE

Certaines personnes âgées attirent les projecteurs de l'actualité sur eux dès lors qu'ils deviennent les survivants d'une guerre, d'une grande tragédie ou d'une épopée particulière.

Tel est le cas de **Claude Bloch**, décédé à 95 ans début janvier 2024, qui était le dernier survivant du camp d'extermination d'Auschwitz-Birkenau, après y avoir été déporté avec sa mère à l'âge de 15 ans, en juin 1944 et avoir été dans le dernier convoi de déportés partant du camp de Drancy.

Sa mère fut conduite dans une chambre à gaz dès son arrivée à Auschwitz.

En mai 2023, Claude Bloch participe aux côtés du Président de la République Emmanuel Macron à une cérémonie commémorative à Montluc, près de Lyon,

Outre les victimes de la Shoah, d'autres personnes sont aussi devenues célèbres sur le tard pour témoigner d'autres tragédies qui ont marqué l'histoire du monde ou en être le dernier survivant.

Sunao Tsuboi a 20 ans lorsqu'au matin du 6 août 1945 le super bombardier américain Enola gay largue Little Boy, une bombe atomique, sur Hiroshima, une ville de 340

000 habitants. Sunao, étudiant ingénieur, se trouve alors à moins de deux kilomètres du point d'impact. La bombe nucléaire tue instantanément des dizaines de milliers de personnes et la température au centre de l'explosion avoisine les 4000 degrés centigrades pendant un court instant. Par-delà cet instant, on estime que cette bombe a tué entre 90 000 et 140 000 personnes, sans compter tous ceux qui décèderont plus tard de cancers, du fait des radiations.

Lors d'une interview donnée au New York Times, Monsieur Tsuboi dit avoir vu « un enfer vivant sur Terre », dans les moments qui ont suivi le bombardement.

Sunao était tellement près du lieu de l'impact qu'il n'a pas vu le champignon atomique sur l'instant, mais juste un intense flash lumineux suivi d'un bang sonore et d'un souffle qui l'a projeté dans les airs.

Retrouvé vivant mais inconscient, il sera conduit dans un hôpital militaire couvert de brûlures et de plaies. Il restera inconscient pendant 40 jours.

Remis de ses blessures, bien qu'atteint désormais d'une anémie aplasique, Sunao Tsuboi devient professeur de maths et se marie en 1957 avec une ancienne étudiante. Tous les ans, le 6 août, il remplace ses cours par un rappel sur les horreurs de la bombe atomique et par un récit de sa propre expérience.

Sa santé est très fragile : il sera hospitalisé douze fois, diagnostiqué plusieurs fois d'un cancer, par suite des radiations reçues, et condamné trois fois par ses médecins.

En 1993, Mr. Tsuboi prend sa retraite, il a alors 68 ans. Prenant acte qu'il n'était pas mort, alors qu'il aurait dû l'être depuis longtemps, il en déduit qu'il est appelé à survivre pour témoigner que la vie est au-dessus de tout et qu'il faut combattre les armes nucléaires, les guerres, le terrorisme et le meurtre partout dans le monde.

Ce combat pour la vie et contre les armes nucléaires reçoit sa consécration lorsque Sunao Tsuboi rencontre le Président Barack Obama en 2016 lors de sa visite historique à Hiroshima et premier président américain à le faire. Lors de son entretien avec Obama, Sunao Tsuboi, alors âgé de 91 ans devient le symbole des survivants d'Hiroshima, surnommés « Hibakusha » en japonais.

Mr. Tsuboi est mort en octobre 2021 à l'âge de 96 ans à l'hôpital d'Hiroshima des suites cardiaques de son anémie.

Léon Gautier naît à Rennes, en Bretagne, le 27 octobre 1922. Lorsque la Seconde Guerre mondiale éclate, il a 16 ans et se fait recruter dans la marine nationale, comme canonnier sur le vaisseau Courbet. Il prend part à la défense du port de Cherbourg.

En juin 1940, le Courbet rejoint les Forces Françaises Libres en Angleterre et participe à la défense antiaérienne de Portsmouth. En juillet il est sur un navire commercial, « Le Gallois », qui est coulé par un U-Boat allemand dans l'Atlantique. Il voit ses compagnons d'infortune comme lui-même abandonnés par les autres navires qui ont l'ordre de ne pas s'arrêter, par crainte d'être coulés aussi. Cet épisode, dont il sortira vivant le marquera durablement.

En janvier 1941, Léon Gautier embarque à bord du Surcouf, un sous-marin français et sert comme fusilier marin dans diverses missions au Cameroun, au Liban et en Syrie. Il rejoint les commandos après un stage d'entrainement en Écosse et intègre le premier bataillon de commandos de Marine du Commandant Philippe Kieffer.

En 1943, il rencontre par hasard sa future femme Dorothy, lors d'un de ses tours de garde ; elle sera blessée à la tête par un éclat d'obus en 1943 à Calais, ce qui n'empêchera pas Léon Gautier de s'unir à elle quelque temps plus tard.

Le 6 juin 1944, jour du Débarquement en Normandie, Léon Gautier et les autres membres du 1ér Bataillon de commandos de Fusiliers Marins, dirigé par le

Lieutenant-Colonel Philippe Kieffer, sont dans les péniches qui débarquent à Sword Beach en Normandie.

Après avoir réussi à faire une brèche dans la défense d'artillerie allemande, le commando s'empare du casino de Riva Bella à Ouistreham, puis réussit sa jonction avec les troupes parachutistes anglaises de la 6ème division aéroportée pour s'emparer de leur objectif principal, le pont Pegasus à Bénouville.

Le soir du 6 juin, le bataillon Kieffer a perdu le quart de ses effectifs dans les combats de la journée, le Commandant Kieffer faisant lui-même partie des blessés.

Par la suite, Léon Gautier et les autres membres du commando seront engagés dans les combats en Normandie pendant 78 jours, avant de revenir en Angleterre, à la suite d'une blessure à la cheville.

Revenu à la vie civile à la fin des combats il travaille dans un atelier en Angleterre, rejoint la Compagnie Française de l'Afrique de l'Ouest, et travaille notamment au Cameroun et au Biafra.

Lors de son retour en France, il reprend des études de droit, devient expert automobile et mène une vie discrète des années durant.

Avec sa famille, à partir de 1982, il s'implique dans la création d'un musée normand dédié à l'action des commandos Kieffer à Ouistreham et il participe à toutes les cérémonies commémoratives jusqu'à celle de la commémoration du 70ème anniversaire du Débarquement, le 6 juin 2014, ou les projecteurs se braquent sur lui. Il donne alors l'accolade à son ami allemand Johannes Börner, parachutiste fait prisonnier dans la poche de Falaise, devant un parterre de Chefs d'État, dont le Président américain Barack Obama, François Hollande et la Reine d'Angleterre.

Il est fait Commandeur de la Légion d'Honneur en août 2016 et reçoit sa distinction des mains du Premier Ministre français. Léon Gautier est aussi membre de l'Ordre de l'Empire Britannique, titulaire de la Médaille Militaire, de la Croix de Guerre 1939-1945, de la Médaille de la Résistance et de la Croix des Combattants Volontaires.

Il meurt à 100 ans en juillet 2023 d'une infection pulmonaire, étant devenu le dernier survivant des 177 français à avoir débarqué en Normandie. A l'occasion de son décès, le Président Macron lui a rendu hommage ainsi qu'à ses frères d'armes, soulignant leurs vertus de combattant et d'hommes de paix, et en leur vouant la reconnaissance éternelle de la nation

Elizabeth Gladys « Millvina » Dean n'aura jamais eu aucun souvenir de ce jour du 10 avril 1912 ou elle embarqua de Southampton sur un paquebot à destination de New York avec ses parents. Et pour cause, elle avait juste deux mois ! Le nom du paquebot ? RMS Titanic.

Les parents de Millvina, habitent Londres et souhaitent émigrer à Wichita, au Kansas en espérant y exploiter un bureau de tabac.

Initialement les Dean avaient réservé leur traversée sur un navire moins luxueux de la White Star, l'Adriatic, mais une grève affectant la livraison de charbon avait contraint la White Star Line à transférer leur réservation sur le bien plus prestigieux Titanic, mais en troisième classe seulement.

La suite est connue de tous concernant le Titanic. Dans la nuit du 14 avril 1912, le Titanic heurte un iceberg dans l'Atlantique Nord et sombre deux heures après. La catastrophe va faire 1 500 morts et épargner 705 vies.

Parmi ces dernières, Millvina, sa mère et son jeune frère de deux ans de moins qu'elle. Parmi les victimes, le père de Millvina, âgé de 25 ans seulement.

La mère de Milvina et ses deux jeunes enfants, embarqués dans le canot de sauvetage numéro 10 furent parmi les premiers passagers de l'entrepont du navire à avoir pu l'évacuer et à rejoindre par la suite le Carpathia, venu secourir les passagers du Titanic.

Ils débarquent sains et saufs à New York le 18 avril. Veuve de son mari et en charge de deux jeunes enfants, la mère de Millvina renonce au projet de s'établir aux Etats-Unis et revient vivre en Angleterre deux semaines plus tard, en sortant de l'hôpital.

Dans le navire de retour, l'Adriatic, Millvina, plus jeune rescapée du désastre est au centre de toutes les attentions des passagers, comme le reportera un article du Daily Mirror, en date du 12 Mai 1912.

C'est à l'âge de 8 ans que Millvina prend conscience qu'elle est une rescapée du

Titanic. Elle est éduquée grâce au support d'organisations charitables. Par la suite, elle travaillera pour le compte du Gouvernement britannique durant la Seconde Guerre Mondiale, puis dans un département achats d'une entreprise d'ingénierie jusqu'à son départ en retraite en 1972.

Durant tout ce temps elle assiste à tous les évènements qui relatent ou commémorent l'histoire et la tragédie du Titanic.

En 1997, elle est invitée à refaire une traversée transatlantique sur le Queen Elizabeth 2 et elle accepte malgré le précédent du Titanic. La même année sort le film *Titanic* de James Cameron avec

Leonardo Di Caprio et Kate Winslet et sur une musique de James Horner, qui connaît un énorme succès et reçoit de multiples récompenses dont 14 nominations aux Academy Awards d'Hollywood.

Compte tenu qu'elle avait perdu son père dans ce naufrage, Millvina n'a pas souhaité voir le film en son entier même si l'actualité du film a remis les projecteurs sur cette vieille dame de 85 ans, plus jeune survivante du désastre.

Millvina, qui meurt en mai 2009, devient la dernière survivante du naufrage du Titanic, juste après le décès en 2006 de Lillian Gertrud Asplund, dernière survivante américaine du Titanic.

De façon surprenante, Millvina Dean meurt à 98 ans un 31 mai, alors que la coque du Titanic fut lancée un 31 mai, 98 ans plus tôt.

Finalement Millvina Dean reste connue pour avoir été à la fois la plus jeune rescapée et la plus vieille survivante de cette tragédie.

Pour clore ce chapitre des derniers survivants, on peut aussi citer **Lazare Ponticelli**, émigré italien en France qui a 16 ans quand éclate la guerre de 1914-1918. Engagé dans la Légion étrangère en remerciement de son pays d'accueil, il se retrouve parmi les 8,5 millions de soldats engagés dans la Grande Guerre.

Dernier poilu survivant et doyen des légionnaires, Lazare Ponticelli reçoit des obsèques nationales aux Invalides le 17 mars 2008, en présence de Nicolas Sarkozy, Président de la République, de Jacques Chirac, Ancien Président et du ministre italien de la Défense.

Lazare Ponticelli avait consenti avant sa mort recevoir des obsèques nationales, par pour lui mais en mémoire de tous les autres.

Sans être le dernier survivant d'une guerre ou d'une catastrophe, on peut aussi avoir pris part à une aventure humaine entreprise sur le tard.

Tel est le cas de **Carlos Soria Fontan**, un Espagnol né en 1939, qui s'inscrit dans la longue histoire de l'alpinisme mondial. Sa première expédition himalayenne, il l'a faite en 1990 à l'âge de 51 ans en réalisant l'ascension du Nanga Parbat (8 125 m). Il faut dire que, fils d'un tapissier, il était tombé amoureux de la montagne dès l'âge de 14 ans.

En revanche, ses exploits les plus significatifs, il les réalise tous après ses 60 ans. Qu'on en juge : l'Everest (8 849 m) à 62 ans, le K2 (8 611m) à 65 ans, le Makalu (8 465m) à 69 ans, le Lhotse (8 516 m) à 72 ans, le Kangchenjunga (8 586 m) à 75 ans, l'Annapurna (8 091) à 77 ans.

En 2023, il a déjà conquis douze des quatorze sommets de plus de 8 000 mètres et a dû récemment abandonner sa treizième tentative, pour gravir le Dhaulagiri (8 167 m), à seulement 700 mètres du sommet à cause d'une fracture à la jambe du fait de la chute d'un des guides népalais de sa cordée. A l'âge de 84 ans!

Petit clin d'œil de l'Administration lorsqu'en décembre 2000 Carlos Soria achète une voiture, le numéro de sa plaque d'immatriculation coïncide avec la hauteur de l'Everest (8 848m).

Hommage à rendre aussi dans cette rubrique à **Marcel Rémy**, un Suisse décédé à 99 ans en 2022, et qui avait encore gravi le miroir d'Argentine en 2017, une paroi calcaire verticale de 450 mètres dans les Alpes Vaudoises, à 94 ans passés.

14. MOYEN NUMÉRO QUATORZE: AVOIR UNE GRANDE GUEULE, DU TALENT ORATOIRE ET FAIRE PEUR

"Au commencement était la parole" débute l'Évangile selon Saint Jean. Certains individus, plus prédisposés que d'autres, ayant intégré la suite de cet évangile, qui dit juste après que la "Parole était auprès de Dieu et qu'elle était Dieu", vont utiliser le verbe pour se faire entendre et devenir célèbre sur le tard.

Quand on acquiert le surnom du « Tigre », c'est qu'on n'est pas particulièrement aimable mais qu'on est plutôt féroce avec ses ennemis.

Né en 1841, en Vendée, terre rebelle aux idées révolutionnaires, d'une famille de médecins, **Georges Benjamin Clemenceau** connait une jeunesse relativement aisée dans une contrée rurale, pauvre et éloignée de Paris. D'autant que son père, plutôt que d'exercer la médecine, se contente de vivre de ses terres et de ses investissements. Ce dernier est un Voltairien, admirateur de la Révolution française, et contempteur de Napoléon III, qu'il rêve de voir renverser.

Cette jeunesse se déroule sous le Second Empire que Clemenceau ne portera pas dans son cœur. Il quitte sa Vendée natale pour aller d'abord à Nantes, puis à Paris étudier la médecine.

Après un bref séjour en Amérique pour guérir d'une déception amoureuse, il finira par épouser une Américaine avec laquelle il se réinstallera en Vendée en 1869.

À vingt ans, Clemenceau fréquente à Paris les milieux républicains, grâce aux relations de son père, et se met à fréquenter les cafés littéraires du Quartier Latin tout en s'en prenant aux suppôts du Second Empire et de son régime politique. Il est notamment membre d'une petite association nommée « Agis Comme Tu Penses » et qui va s'attirer des ennuis avec la police impériale. Souhaitant commémorer le 14ème anniversaire de la révolution de 1848 avec ses camarades de combat, Georges

Clemenceau est arrêté et passe 73 jours en prison.

Il part ensuite aux États-Unis, à New York en particulier, alors que la guerre civile bat son plein. Séduit par la liberté d'expression des politiciens américains, il enseigne dans une école de filles à Stamford et finit par se marier avec l'une d'entre elles, Mary Plummer.

Revenu en France, il refait rapidement de la politique, voit Napoléon III déclarer la guerre à l'Allemagne en juillet 1870 et son armée s'effondrer à Sedan deux mois plus tard. Il se fait élire Maire du XVIIIème arrondissement de Paris.

Léon Gambetta et les députés républicains prononcent la déchéance de l'empereur et proclament la République en septembre 1870. A l'issue de la défaite contre les prussiens, Adolphe Thiers, ancien ministre de Louis-Philippe devient chef du pouvoir exécutif en février 1871.

Georges Clemenceau fonde *La Justice*, un journal favorable aux thèses d'extrême gauche, qui devient rapidement le premier organe d'expression de cette tendance politique.

Comme tous les députés de Paris, il s'oppose à la ratification par la France de la convention d'armistice en mars 1871, convention qui prévoit la cession à l'Allemagne de l'Alsace-Lorraine. Il s'implique dans l'insurrection de la Commune de Paris, réprimée sauvagement par les troupes versaillaises sous l'égide d'Adolphe Thiers.

Georges Clemenceau tonne et tempête dans son journal contre le gouvernement et ses ministres, contre la politique de colonisation, contre Georges Boulanger lorsque celui-ci se révèle n'être qu'un démagogue nationaliste, contre le trafic des décorations du temps de Jules Grévy.

Georges Clemenceau ruine bien des carrières ministérielles par ses emportements et son talent de polémiste, ce qui lui vaut une quantité d'ennemis, qui vont essayer de prendre leur revanche lorsque Georges Clemenceau est impliqué dans le scandale du canal de Panama, par le biais de son association avec le financier Cornélius Herz, lui-même largement mis en cause.

Paul Déroulède, soutien boulangiste, accuse Georges Clemenceau d'être corrompu dans l'affaire du canal de Panama, mais aussi d'avoir été payé par le Gouvernement britannique pour avoir livré l'Égypte aux anglais. C'en est trop pour Clemenceau qui publie un article incendiaire contre Déroulède dans son journal *La Justice*. Devant son refus de retirer l'article à la demande de Déroulède le duel à l'épée s'avère inévitable et a lieu en juillet 1894. Le duel ne tue personne et ne blesse que légèrement Déroulède au front.

Clemenceau s'avère être un adepte des duels, puisqu'il se battra aussi, au pistolet cette fois, contre le journaliste Edouard Drumont en février 1898 à propos de l'affaire Dreyfus.

Déjà en 1865, venu soutenir son ami Manet lors d'une exposition ou la toile l'Olympia de Manet fait scandale, Clemenceau se jette sur un détracteur, le soufflète, puis le provoque en duel.

Clemenceau est aussi un infatigable coureur de jupons. Ayant divorcé, il est de tous les salons littéraires et musicaux de la Belle Époque et séduit les danseuses de l'Opéra de Paris, des actrices, des cantatrices et des demi-mondaines.

C'est à l'abord de la soixantaine que Georges Clemenceau va donner de l'essor à sa carrière politique lors de l'affaire Dreyfus, qui voit cet officier juif de l'Armée française être accusé de trahison au profit des Allemands. Convaincu de son innocence, Clemenceau va batailler pour sa cause dans *La Justice* et *l'Aurore,* ce qui lui permettra au passage de décrocher un siège de sénateur dans le Var en 1902. C'est lui qui donne le titre fameux de « J'accuse » dans *l'Aurore* à la diatribe d'Émile Zola contre l'État-major français. Il se bat aussi pour l'abolition de la peine de mort.

En 1906, il est nommé ministre de l'Intérieur, puis Premier Ministre. Il modernise la police et crée les fameuses « brigades du Tigre », en dotant les policiers des premières automobiles et d'armes de poing efficaces. Son cabinet tombe en 1909 et il redevient journaliste et milite pour un renforcement militaire face à l'Allemagne.

A partir de 1917, Clemenceau alors Président du Conseil et ministre de la Guerre, conduit la France à la victoire en imposant l'union des armées alliées sous le commandement unique du Maréchal Foch, et négocie le Traité de Versailles. Il a alors 76 ans.

Son autorité est indiscutée et sa détermination est connue de tous.

Georges Clemenceau est cette fois entré dans l'Histoire par la grande porte. Le « Tigre », appellation qui lui a été donnée en partie fondée sur sa réputation de briseurs de grèves et de chef des policiers, devient le « Père la Victoire ».

En 1920, Deschanel prend sa revanche en le devançant lors de l'élection présidentielle de 1920. Clemenceau se retire alors de la politique et meurt en 1929 à l'âge de 88 ans.

Bien sûr Clemenceau aurait pu figurer dans le moyen numéro onze « faire de la politique » ou seize « devenir un grand chef de guerre », mais j'ai choisi de le mettre sur ce chapitre des « grandes gueules » car c'est sur sa personnalité même, faite d'autorité naturelle, de bretteur infatigable, de volonté sans faille, de talent oratoire et de journaliste, que Clemenceau a véritablement construit sa carrière et sa réputation.

Donald John Trump, surnommé « The Donald » naît en juin 1946 à New York dans le quartier du Queens d'un père promoteur immobilier, Fred Trump et de son épouse écossaise Mary Anne. Il a deux frères et deux sœurs. Son frère aîné Freddy meurt jeune à 43 ans d'alcoolisme, en 1981.

Le père de Donald construit des centaines de logements dans le Queens et Brooklyn en utilisant des prêts fédéraux destinés à la construction de logements sociaux. Il sera accusé par la suite d'avoir surfacturé les coûts de construction pour abuser du système de prêts garantis par l'État.

Donald Trump suit les cours d'un internat privé, la New York Military Academy entre 1959 et 1964, puis après un passage dans une université du Bronx, il obtient un Bachelor's degree en économie à la Wharton School of Finance and Commerce de l'Université de Pennsylvanie.

Durant la guerre du Vietnam en 1968, il parvient à se faire exempter du service médical, arguant d'une excroissance osseuse au talon, alors même qu'à 22 ans il semblait en pleine forme, jouant régulièrement au football, au tennis, au squash, et au golf. Il prétendra plus tard que c'est la loterie du bureau de la conscription nationale qui lui avait permis d'être exempté, ce qui s'est avéré faux.

Il commence alors à travailler pour son père dans l'immobilier, ce dernier gérant alors un parc de logements compris entre 10 000 et 20 000 unités. Durant les années 1960 et début 1970, lui et son père font l'objet de plaintes pour discrimination raciale dans leurs choix de locataires. Ils finiront par être poursuivis par la justice américaine en 1973 pour des opérations immobilières à New York City.

En 1974 il prend la tête de la Trump Organisation et à la fin des années 1980, Donald Trump a fortement étendu le business de son père en investissant dans des hôtels de luxe, des immeubles résidentiels et des casinos, à Manhattan, Atlantic City et dans le New Jersey.

En 1983, il inaugure la Trump Tower, un immeuble de 58 étages sur la Cinquième Avenue à New York, dans lequel il loge le siège de la Trump Organisation.

Dans Atlantic City ses propriétés comprennent le casino *Harrah's* dans la Trump Plaza, le *Trump's Castle Casino Resort*, et le *Trump Taj Mahal*, l'un des plus grands casinos du monde. Il rachète le domaine de Mar-a-Lago en Floride, une demeure de 118 chambres, possède un yacht de près de 90 mètres de long, le *Trump Princess*.

Il est aussi à l'origine de la construction du Jacob Javits Convention Center dans l'ouest de Manhattan et de la rénovation de la gare de Grand Central Terminal. Les opérations immobilières de Donald Trump sont légion, non seulement aux États-Unis, mais aussi à l'étranger comme ses rachats de golf clubs en Écosse ou en Irlande.

La vie privée de Donald Trump s'avère assez agitée. En 1977 il épouse Ivana Zelníčkova Winklmayr, un top model tchèque, qui lui fera trois enfants, dont sa fille Ivanka. Il divorce en 1992 et fait la joie de la presse à scandales à travers ses frasques amoureuses. Il se remarie avec Maria Maples dont il aura une fille Tiffany en 1993. Puis il divorce à nouveau en 1999 pour se remarier en 2005 avec le top model d'origine slovène Melanija Knavs, née en avril 1970 et de 24 ans plus jeune que lui. Son fils Baron naît de cette union en 2006.

Au début des années 1990, les affaires de Donald Trump périclitent sous l'effet de la récession économique qui frappe alors le pays et sa fortune personnelle se réduit significativement l'obligeant notamment à vendre des casinos et son yacht pour payer ses dettes.

Il se refait une santé financière à partir de la fin des années 1990 grâce à des lignes de crédit ouvertes à son profit par la Deutsche Bank AG et en 1996, il s'associe avec la chaîne de télévision NBC pour acheter l'organisation *Miss Universe*, en charge aussi de concours américains de beauté dont *Miss USA* et *Miss Teen USA*.

Au milieu des années 2000, et alors que Donald Trump atteint la soixantaine, son émission de télé-réalité « *TheApprentice* » connaît un succès phénoménal qui lui permet d'empocher plus de 200 millions de dollars mais surtout de propulser sa notoriété comme milliardaire à succès.

Le principe de l'émission est de permettre aux participants de gagner un contrat de travail d'un an dans l'une des organisations de Donald Trump. Dans cette émission où figurent toujours de très jolies femmes, Donald Trump agit en maître de cérémonie et businessman impitoyable, se rendant célèbre avec sa phrase « You're fired » soit « vous êtes viré » aux concurrents malheureux de ce jeu de télé-réalité. La seule façon de pouvoir gagner est en fait de parvenir à impressionner le boss, en l'occurrence Donald Trump lui-même.

L'émission se déroule dans la Trump Tower de Manhattan. Il y a deux ascenseurs. L'un monte au sommet pour ceux qui passent l'épreuve avec succès, tandis que l'autre conduit directement à la rue ceux qui sont virés par Trump.

Les saillies de Donald Trump sont légion. Il invente des mots, il ridiculise ses adversaires, affiche son hostilité vers certaines communautés ; il parle des « Blacks », des « Gays », des « Muslims ». Certaines de ses remarques sont ouvertement racistes comme lorsqu'il conseille à quatre élues démocrates issues de minorités de « retourner » dans leur pays d'origine, bien qu'elles soient toutes les quatre citoyennes américaines.

La délicatesse n'est pas son fort. En pleine campagne présidentielle 2016, Donald Trump tente de dézinguer sa rivale Hillary Clinton en rappelant les frasques de son mari Bill Clinton avec Monica Lewinsky. Il déclare alors : « la pire chose qu'Hillary puisse faire est d'avoir son mari en campagne avec elle ».

Donald Trump a coutume de donner des surnoms comiques ou dégradants à ses adversaires. Ainsi, Hillary Clinton devient « Hillary la crapule » (Crooked Hillary), Chuck Schumer, sénateur, devient « Chuck le pleureur », Joe Biden est surnommé « Sleepy Creepy Joe » (Joe, l'endormi vicelard) et Kamala Harris, la Vice-Présidente démocrate s'appelle dans le langage Trumpien « Nasty Kamala » (Kamala la méchante). Une sénatrice d'origine amérindienne est surnommée Pocahontas.

Les remarques sexistes sont aussi innombrables. En 2005, Donald Trump tient ce genre de propos : « Quand on est une star, les femmes nous laissent faire. On fait tout ce qu'on veut. On peut les attraper par la chatte. »

En 2015 il déclare : « si Hillary Clinton ne peut pas satisfaire son mari, comment peut-elle satisfaire le pays ? » Pire encore, à propos de sa propre fille Ivanka: «si Ivanka n'était pas ma fille, je pourrais sortir avec elle».

Dans son dernier message de Noël 2023, Donald Trump souhaite à ses adversaires politiques qu'il traite de voyous, ou d'escrocs, d'aller tous pourrir en enfer.

Les provocations à répétition, le langage fleuri, les coups de gueule et les effets de menton, les fausses allégations de Donald Trump lui ont permis de gagner une popularité et une couverture médiatique à l'intérieur des États-Unis qui font qu'aux élections primaires de 2016, il devient le candidat des Républicains contre le camp démocrate mené par Hillary Clinton.

Lors des débats entre les deux candidats, Trump ira jusqu'à refuser de dire s'il acceptera ou non le résultat de l'élection.

Donald « la grande gueule » devient une célébrité internationale en novembre 2016 lorsqu'il est élu 45ème Président des États-Unis, premier président à n'avoir ni accompli de service militaire, ni tenu un poste gouvernemental auparavant. Donald Trump a alors 70 ans.

En 2019, une première procédure *d'impeachment* est lancée par la cheffe de la Chambre des Représentants, Nancy Pelosi, au motif que Donald Trump a fait pression sur le président ukrainien Volodymyr Zelenskyy pour enquêter sur les affaires à l'étranger du fils de Joe Biden, Hunter Biden. En 2020, le Sénat contrecarre cette initiative.

En 2020, Donald Trump tente de se représenter, est battu par Joe Biden, conteste les résultats jusqu'aux incidents du Capitole. Donald Trump refuse de participer à la prestation de serment de Joe Biden et ne reconnait pas sa défaite électorale.

En 2024, Donald Trump va tenter un retour présidentiel contre Joe Biden et alors que les deux adversaires auront réciproquement 78 ans et 82 ans.

Jean Luc Mélenchon naît à Tanger le 19 août 1951 au sein d'une famille de pieds-noirs d'Algérie avec des ascendances espagnoles et italiennes (Sicile). Son père est postier et sa mère institutrice.

Il reçoit une éducation religieuse et sera même, un temps, enfant de chœur. Ses parents divorcent en 1962, ce qui donne l'occasion à sa mère de venir en France, d'abord en Normandie dans le pays de Caux, puis dans le Jura.

Il fait ses études secondaires à Lons-le Saunier au lycée Rouget de Lisle et obtient son baccalauréat en 1969 ; puis il intègre l'Université de Franche-Comté à Besançon où il acquiert une licence de philosophie et une licence de lettres modernes.

Jeune, on le retrouve militant à l'Union Nationale des Étudiants de France (Unef) et à l'Organisation communiste internationaliste, une officine trotskiste et lambertiste. Il participe notamment aux luttes des ouvriers de l'entreprise horlogère Lip à Besançon, dans les collectifs étudiants de soutien.

Il commence à travailler sur des emplois ouvriers, puis démarre une carrière dans l'éducation nationale, comme surveillant et maître auxiliaire. Le CAPES de lettres modernes en poche, il est nommé professeur de français dans un lycée jurassien.

Militant du parti socialiste de 1977 à 2008, grâce à l'entregent de Claude Germon alors maire de Massy, il s'installe dans l'Essonne et il finit par occuper des fonctions électives de conseiller municipal de Massy

Palaiseau en 1983, puis de conseiller général de l'Essonne en 1985 et enfin sénateur de ce même département en 1986. Durant tout ce parcours, il collabore à diverses publications du parti socialiste.

Le Congrès de Valence du Parti Socialiste en 1981, parti alors dirigé par François Mitterrand, juste avant son élection à la Présidence de la République, donne l'occasion à Jean-Luc Mélenchon de prendre le contrôle de la fédération socialiste de l'Essonne, comme premier secrétaire.

Il bataille localement sur cette zone jusqu'en 1986 et fonde même une radio locale. En 1992, il appelle à voter pour le traité de Maastricht, convaincu que la monnaie unique, l'euro, permettra à l'Europe de s'affranchir de la tutelle financière du dollar américain. Plus tard, il changera complètement d'avis et affirmera que Maastricht est un échec total.

En 1997, lors du Congrès de Brest, il se présente au poste de premier secrétaire du parti socialiste contre François Hollande, et subit un échec cuisant. Dès lors il ne cesse de jouer les francs-tireurs au sein du parti socialiste contre les hollandistes notamment.

En mars 2000, alors qu'une cohabitation existe entre le Président Jacques Chirac et le Premier Ministre socialiste Lionel

Jospin, Jean Luc Mélenchon accepte de rentrer au gouvernement comme ministre délégué à l'Enseignement professionnel, auprès du ministre de l'Éducation Nationale Jack Lang.

La défaite de Lionel Jospin à la présidentielle de 2002, ramène Jean Luc Mélenchon dans un simple rôle d'agitateur politique à l'extrême gauche du parti socialiste et le replonge dans un relatif anonymat.

En 2008, après l'élection de Nicolas Sarkozy à la Présidence de la République, qui défait en 2007 Ségolène Royal, la candidate du Parti Socialiste, il démissionne du PS et fonde le parti de gauche puis crée la France insoumise (LFI).

Aux élections européennes de 2009, il devient député européen, en représentant une circonscription du Sud-Ouest, puis commence à s'imposer sur la scène médiatique et politique par ses diatribes incessantes contre la classe dirigeante et ses élites administratives.

Dans un livre publié en 2010 et intitulé : « *Qu'ils s'en aillent tous !* », il traite de profiteurs et de parasites nombre de patrons, de politiciens libéraux ou de droite et de journalistes affidés à ces courants idéologiques. Le livre connaît un succès certain et permet à Mélenchon d'enfoncer le clou sur les « élites corrompues » et de vanter les révolutions de gauche survenues en Amérique latine.

Mélenchon diabolise, vitupère, utilise un langage animalier, caricature ses adversaires fait appel aux pulsions émotionnelles et aux peurs, invoque le registre des maladies (cancer de la finance, virus de l'extrême droite qui contamine les dirigeants, etc.). Pour lui l'argent est toujours volé au peuple au profit de ceux qui s'en goinfrent. Le discours populiste ne lui fait pas peur et il n'hésite pas à rembarrer vertement ses contradicteurs et à faire peur par ses colères, réelles ou supposées.

Lors d'une perquisition effectuée en 2018 dans les locaux de la France Insoumise, à la suite d'une enquête sur ses comptes de campagne et l'emploi d'assistants d'eurodéputés, il s'illustre par des actes d'intimidation, de rébellion et de provocation à l'égard des policiers et déclare dans une envolée lyrique : « La République c'est moi ! »

Jean Luc Mélenchon a alors 67 ans et sa notoriété nationale est désormais significative. Dès lors la mécanique électorale est lancée. Aux présidentielles de 2012, il se présente comme leader du front de gauche et recueille plus de 11% des voix, ce qui le place quatrième derrière

François Hollande, Nicolas Sarkozy, Marine Le Pen et devant François Bayrou.

Il part ensuite ferrailler dans le Pas de Calais aux élections législatives qui suivent, est battu et va désormais s'opposer à la présidence Hollande, pour lequel il n'avait d'ailleurs pas appelé à voter explicitement en 2012, se contentant d'appeler à barrer la route à Nicolas Sarkozy.

Dès lors, il est de toutes les manifestations, il hante les matinales des chaînes TV d'information, il accuse les accords électoraux de certains de ses partenaires, tels le parti communiste, le parti socialiste ou les écologistes, en essayant de les agréger sous son leadership.

En 2017, nouvelle candidature présidentielle sur la base de sondages flatteurs et du soutien de son nouveau mouvement La France Insoumise. Il est de loin l'un des meilleurs orateurs de la classe politique du moment et n'hésite pas à innover en utilisant les technologies numériques (hologramme) suggérée par sa jeune directrice de la communication et compagne Sophia Chikirou.

La campagne est un succès et il passe en quelques semaines de 11% à 19% dans les intentions de vote. Dès lors il concentre les tirs sur lui. On traite son programme de délirant, on le qualifie d'apôtre des dictateurs révolutionnaires et aussi d'irresponsable, on considère qu'il utilise les mêmes méthodes populistes que l'extrême droite. Mais l'odeur de la poudre n'est pas pour déplaire à Jean Luc Mélenchon, qui termine encore une fois à la quatrième place à un cheveu du troisième François Fillon et derrière Emmanuel Macron et Marine Le Pen.

Aux législatives qui suivent, il est élu député des Bouches du Rhône à Marseille, non sans avoir au passage accusé l'ancien Premier Ministre Bernard Cazeneuve de « s'être occupé de l'assassinat de Rémi Fraisse », un militant écologiste tué par une grenade de gendarmerie en 2014. Cela lui vaudra des poursuites pour diffamation.

En 2022, rebelotte et Mélenchon se présente pour la troisième fois aux

Présidentielles, réutilise les technologies numériques, y compris olfactives, et termine troisième cette fois, de très peu derrière Marine Le Pen et sans doute à cause de la défection cette fois de son partenariat avec le parti communiste. Aux législatives qui suivent il demande aux Français de « l'élire Premier Ministre », crée la Nouvelle Union Populaire Écologique et Sociale (NUPES), tout en n'étant pas lui-même candidat à la députation.

La « NUPES » est un succès électoral au moins jusqu'en octobre 2023 ou le parti socialiste a voté un moratoire sur sa participation aux travaux de cette union, mettant en cause « la méthode Mélenchon ».

Pour les présidentielles de 2027, Jean Luc Mélenchon a déclaré que ; « ce sont les circonstances qui font les candidatures ». Il aura 76 ans. Il n'exclut probablement rien. S'il réussit, sa notoriété deviendra instantanément très large sur la scène internationale.

Récemment à l'occasion de la mise en cause de la journaliste Ruth Elkrief, traitée de fanatique par Mélenchon, le psychanalyste Gérard Miller, pourtant compagnon de route de la France Insoumise, a déclaré: « C'est évident que le bruit et la fureur, qui ont été à un moment tout à fait féconds dans l'histoire du « *Mélenchonisme* », aujourd'hui sont assourdissants ».

Le paradoxe est par ailleurs le fait que Gérard Miller suscite à son tour le bruit et la fureur par les dizaines d'accusations de viols et d'agressions sexuelles dont il fait actuellement l'objet.

Le Président du Sénat, Gérard Larcher, a par la suite rajouté une couche en conseillant à Jean Luc Mélenchon de « fermer sa gueule » à la suite des dernières polémiques sur la journaliste Ruth Elkrief.

Le 20 juin 1928, à la Trinité sur Mer, dans le Morbihan, naît des amours d'un marin-pêcheur et d'une couturière, **Jean Louis Marie Le Pen.** Il est fils unique. Pen signifie « chef » en breton.

À 14 ans, en août 1942, il perd son père dont le chalutier saute sur une mine en remontant son chalut. Son père, déclaré « Mort pour la France », il devient pupille de la nation par un jugement du tribunal civil de Lorient.

Il étudie d'abord chez les jésuites au collège Saint-François Xavier à Vannes et au lycée Dupuy-de-Lôme à Lorient. Il est exclu à diverses reprises pour indiscipline. Puis il tente de rejoindre les Forces Françaises Libres en novembre 1944, mais est débouté de sa demande n'ayant pas encore 18 ans et parce qu'il est pupille de la nation.

Son baccalauréat en poche il intègre la Faculté de Droit à Paris en 1948 et acquiert une licence. En 1949, il est élu, grâce déjà à ses talents d'orateur, président de l'Association corporative des étudiants en droit, la « Corpo » de droit.

Durant ses études, qu'il finance en occupant divers petits boulots (mineur de fond, métreur d'appartement...), il se sent proche de l'Action Française et doit en 1952 céder la présidence de la Corpo sous les critiques de ses nombreuses outrances verbales et même physiques. En effet durant cette période il s'illustre à faire le coup de poing contre « les cocos », à faire des virées nocturnes arrosées dans les bars qui le conduisent régulièrement à finir au poste de police et parfois à se faire condamner pour coups et blessures.

Son diplôme d'avocat en poche, il s'engage au premier régiment parachutiste de la Légion étrangère et part en campagne en Algérie et en Indochine de 1953 à 1957, ce qui donnera ultérieurement lieu à diverses polémiques sur le fait de savoir si Jean-Marie le Pen avait pratiqué la torture pendant la guerre en Algérie.

Dans une interview au journal Combat accordé en novembre 1962, il déclare : « j'ai torturé parce qu'il fallait le faire. Quand on vous amène quelqu'un qui vient de poser vingt bombes qui peuvent exploser d'un moment à l'autre et qu'il ne veut pas parler, il faut employer des moyens exceptionnels pour l'y contraindre ».

Quoiqu'il en soit, Jean Marie Le Pen sera plusieurs fois décoré pour ses faits d'armes, recevant notamment la Croix de la Valeur militaire, la médaille coloniale et diverses médailles commémoratives de ses campagnes en Algérie et en Extrême Orient.

Dès son retour d'Indochine, il devient délégué général de l'Union de défense de la jeunesse française, est présenté à Pierre Poujade, un politicien populiste défenseur des commerçants et artisans, et dans la vague électorale poujadiste, il devient à 27 ans l'un des plus jeunes députés de la législature, élu dans la première circonscription de la Seine.

À l'issue de cette mandature, il dirige la campagne de l'avocat d'extrême droite Jean-Louis Tixier-Vignancour, et il se fait réélire député en 1958 dans son ancienne circonscription. Plus tard il expliquera avoir perdu un œil en montant le chapiteau d'un meeting de Tixier-Vignancour, même si certains prétendent que c'est à la suite d'une bagarre électorale qu'il aurait progressivement perdu l'usage de cet œil.

Toujours est-il qu'il portera pendant un temps un bandeau sur l'œil, lui conférant plus le look d'un pirate des Caraïbes que d'un professeur d'université ou d'un clergyman.

En 1958, il interpelle Pierre Mendès France, ancien président du Conseil des ministres, de confession juive, en ces termes : « Monsieur Mendès France, vous cristallisez sur votre personnage un certain nombre de répulsions patriotiques, presque physiques ». Même s'il s'en défend plus tard, prétextant juste le trouver très laid, sans que sa judéité n'entre en ligne de compte, c'est certainement une manifestation qu'on peut qualifier d'antisémite.

Lors de l'insurrection des partisans de l'Algérie française, il prend clairement parti pour les insurgés, fréquente des gens de l'OAS, organisation terroriste d'extrême droite, des anciens collaborateurs du régime nazi, tel que Darquier de Pellepoix, Léon Degrelle, voir même d'anciens nazis comme Otto Skorzeny.

A partir de 1963, son engagement à l'extrême droite ne se démentira plus, et dans la foulée, après avoir soutenu la candidature de Jean-Louis Tixier Vignancour en 1965, il rejoindra plus tard les dirigeants du mouvement Ordre Nouveau, organisation dans la mouvance néofasciste, et qui participera à la création en 1972 du Front national.

La vie privée de Jean-Marie Le Pen est à l'image de sa vie publique, c'est-à-dire agitée souvent, sulfureuse parfois, et ponctuée d'épisodes qui font les délices de la presse à scandales.

Passée sa jeunesse tumultueuse, il se marie à 32 ans avec Pierrette Lalanne, fille d'un négociant en vin landais et ex-femme d'un impresario qui la présentera d'ailleurs lui-même à Jean-Marie Le Pen en lui disant: «vous verrez, c'est le futur dictateur de la France».

Pierrette est enceinte de Jean Marie avant même d'avoir divorcé officiellement de son impresario de mari. Une fille, Marie Caroline naît en janvier 1960. Deux autres suivront, Yann et Marine.

Le couple se sépare en 1972 dans la haine. « Tu reviendras à Saint-Cloud (résidence du couple) à genoux, je te mettrai à la cave et je te pisserai sur la tête » aurait déclaré Jean-Marie à Pierrette, selon ses déclarations au journal Globe.

Quand ruinée, Pierrette se fait héberger par des amis, Jean-Marie Le Pen déclare : « C'est l'occasion pour elle de rentabiliser ce petit diplôme d'esthéticienne qu'elle a passé dans les années 1960. Sinon, elle n'a qu'à faire des ménages pour compléter ses revenus ».

Pierrette est du genre playmate, n'hésitant pas à dévoiler son corps très largement y compris plus tard en 1987 dans le magazine masculin Play Boy, pour se venger notamment de Jean-Marie le Pen, en apparaissant nue avec juste une tenue de soubrette, façon à elle de faire le ménage !

Selon un article publié dans le journal *Les Inrockuptibles* en 2011, la famille finit vaguement par se réconcilier autour des trois filles, même si entretemps Jean-Marie Le Pen a refait sa vie avec une autre femme Jany, fille d'un marchand de tableaux grec.

L'épisode a écorné l'image de bon père de famille que Jean-Marie s'efforçait de construire pour des raisons de communication politique auprès de son électorat.

D'autant qu'en 1976, une bombe de 20kg explose dans la villa Poirier dans le XVème arrondissement de Paris, villa qu'occupait le couple et ses trois filles. L'attentat jamais revendiqué ni élucidé ne fait heureusement aucune victime mais contribue à répandre le souffre autour de la vie du leader charismatique du Front National.

Cette vie privée agitée, à rebours des valeurs de l'électorat traditionaliste de Jean-Marie le Pen, reflète cependant assez bien le comportement usuel de ce dernier, c'est-à-dire machiste, sexiste et libertaire. Sa fille Marine aurait d'ailleurs déclaré un jour : « Mon père est contre la police du slip ».

Une autre affaire suscite la polémique autour de la façon dont il a hérité d'un patrimoine immobilier très significatif d'Hubert Lambert, mort à 42 ans des suites d'une cirrhose du foie et sans héritier direct. Ce dernier tenait sa fortune de ses parents propriétaires des ciments Lambert, entreprise de matériaux de construction. L'héritage d'une valeur de 30 millions de francs comprend notamment un hôtel particulier au parc de Montretout à Saint-Cloud.

Le testament est contesté par le cousin du défunt, au motif que Jean-Marie Le Pen aurait abusé de l'alcoolisme et de la débilité d'Hubert Lambert pour devenir légataire sur le testament. Finalement l'affaire se conclut à l'amiable entre les protagonistes, mais laisse un doute sur le comportement de Jean-Marie Le Pen.

Les dérapages verbaux de Jean-Marie Le Pen sont innombrables, des plus douteux jusqu'aux plus condamnables.
En septembre 1987, il déclare sur RTL que les chambres à gaz sont « un point de détail de l'histoire ».

En 1988, il fait un jeu de mots très douteux sur le nom de Michel Durafour, alors Ministre de la Fonction Publique, le surnommant « Monsieur Durafour crématoire ».

En mai 1997, il agresse la maire socialiste de Mantes-la-Jolie en lui hurlant dessus, alors que celle-ci, plutôt frêle, se protège avec ses mains, se trouvant acculée contre un mur. Lors de cette même visite, il traite un manifestant de « pédé » et donne des coups de poing et de pied à un autre élu socialiste.

En 2005, il considère dans le journal d'extrême droite *Rivarol* que « l'occupation allemande en France n'a pas été particulièrement inhumaine ».

En 2014, il s'en prend aux artistes qui se sont engagés contre son parti, et dont fait notamment partie le chanteur Patrick Bruel de confession juive. Le Pen lance : « Écoutez, on fera une fournée la prochaine fois ». Ces propos lui valent un renvoi en correctionnelle pour provocation à la haine raciale.

Toujours la même année, il affirme que le virus Ebola, dont le taux de létalité est de 50%, pourrait régler le problème de l'immigration en trois mois.

Lors des régionales de 2015, commentant un de ses tweets qui se moque de Christian Estrosi, Maire de Nice, dansant avec des juifs, il déclare, récusant toute allusion antisémite : « on a trouvé drôle de montrer Christian Estrosi rigolard et dansant alors qu'il venait de se prendre un coup de pied aux fesses ».

Toutes ces déclarations et faits et gestes lui vaudront d'être condamné à plusieurs reprises par la justice pour antisémitisme.

Mais c'est véritablement en avril 2002, alors que Jean-Marie Le Pen a 74 ans, que sa notoriété va littéralement franchir les frontières nationales, lorsqu'à la surprise générale, il accède au second tour de l'élection présidentielle avec Jacques Chirac, et en éliminant Lionel Jospin Premier Ministre qui semblait jusque-là largement favori pour cette élection.

15. MOYEN NUMÉRO QUINZE: DÉFIER LES LOIS NATURELLES

Des personnes âgées, auparavant anonymes, gagnent une notoriété sur le tard en défiant d'une façon ou d'une autre les lois naturelles qui nous régissent.

Paul Richard Alexander vient de faire la une de l'actualité en décédant le 11 mars 2024 à l'âge de 78 ans. Né à Dallas au Texas en janvier 1946, d'une famille d'immigrants, il contracte en 1952, à l'âge de six ans une poliomyélite, lors d'une vague épidémique qui touche alors l'Amérique du Nord et qui va conduire 21,000 personnes à la paralysie rien qu'aux États-Unis.

Pour Paul, la paralysie qui en résulte ne lui laisse que la liberté de mouvoir son cou, sa tête et sa bouche.

Il est placé dans un poumon d'acier, seul moyen de le maintenir en vie, mais les médecins laissent entendre aux parents qu'il ne survivra pas longtemps. Après un séjour d'un an et demi à l'hôpital, où lorsqu'une panne de courant survient il faut actionner à la main le dispositif, il parvient à apprendre une technique de respiration qui lui permet de se passer épisodiquement de cet appareillage, pour quelques heures.

Il va ainsi pouvoir suivre des études secondaires et universitaires, entièrement en se servant de sa mémoire, puisqu'il ne peut rien écrire. Il suit des cours de finances et d'économie, et il finit par être diplômé en droit de l'université du Texas, à Austin, en 1984, à 38 ans.

Il écrit un livre intitulé «Three *minutes for a Dog: My Life in an Iron Lung*» et plus tard ouvre un compte TikTok qui rassemble plus de 330 000 followers, où il raconte ses conditions d'existence dans le poumon d'acier, et donne des leçons de vie.

En 2022, Paul indique à CNN qu'il travaille sur la rédaction d'un second livre.

En mars 2023, le Guinness mondial des records déclare qu'Alexander est la personne ayant passé le plus de temps dans un poumon d'acier, soit 70 ans.

Lors de l'annonce de sa mort, son frère Philip a déclaré : « C'est absolument incroyable de lire tous les commentaires et de savoir que tant de personnes ont été inspirées par la vie de Paul ».

Charly Bancarel, ancien chauffeur de bus, a eu son heure de gloire en avril 2023 en bouclant à 93 ans le marathon de Paris en sept heures et vingt-deux minutes. Charly, qui a couru son premier marathon à 70 ans, compte refaire parler de lui à l'occasion du marathon pour tous des Jeux Olympiques 2024, qui se tiennent à Paris. Charly a couru en bonne compagnie lors de ce marathon

2023 puisqu'il était avec Barbara Humbert, 83 ans, qui s'est permise de boucler la course en une heure de moins que lui-même. Le privilège de la jeunesse ?

En 2020, au plus fort de l'épidémie de COVID-19, l'Espagnole **Ana del Valle** a eu les honneurs de la presse pour avoir à la fois survécu à l'épidémie de grippe espagnole de 1918 qui a fait entre 50 et 100 millions de morts dans le monde, et la pandémie de COVID-19, alors qu'elle était âgée de 106 ans et non vaccinée. Rappelons que l'Espagne a été le pays européen le plus touché par le virus, enregistrant plus de 22 000 morts.

James Hiram Bedford n'est devenu célèbre qu'à sa mort, survenue le 12 janvier 1967 à l'âge de 73 ans.

James Hiram Bedford était professeur de psychologie et spécialiste en développement de carrière à San Joaquin Valley en Californie. Sa première femme, Anna Chandler Rice, décéda l'année même de son mariage avec James, ce dernier se remariant trois ans plus tard, en 1920 avec Ruby McLagan et avec laquelle il aura cinq enfants.

En 1965, et alors que James né en avril 1893 est âgé 72 ans, la société Ev Cooper's Life Extension Society (LES) offre gratuitement l'opportunité à une personne volontaire d'être la première à bénéficier d'une cryogénisation.

La société LES est fondée en 1964 par Evan Cooper, alors que ce dernier a publié sous un pseudonyme deux ans auparavant un article traitant de ce sujet, intitulé: *Immortality :Physically,Scientifically,Now* (Immortalité :physiquement, scientifiquement, maintenant).

L'idée générale de l'article est que l'homme n'est pas condamné à mourir une fois né, mais qu'il est possible de le congeler peu de temps avant sa mort et de lui redonner plus tard une chance de revivre sain et complet et pour toujours.

Dans le même temps un professeur de physique dans le Michigan, Robert Ettinger développe à peu près la même idée dans un livre intitulé « *The Prospect of Immortality* », livre qui sera davantage remarqué que l'article de Cooper, du fait qu'il reçoit une recommandation du célèbre écrivain de science-fiction Isaac Asimov (auteur notamment de *l'Empire Galactique*) et d'un autre auteur connu aussi pour ses nouvelles de SciFi, Fred Pohl.

Néanmoins, la paternité de créer la première unité d'installations cryogéniques revient incontestablement à Evan Cooper.

Si la Life Extension Society cesse ses activités à la fin des années 1960, l'activité reprend en 1992 dans le Maryland.

Pour revenir à James Hiran Bedford, ce dernier est atteint d'un cancer des reins métastasé aux poumons et n'a aucune perspective de survie en dépit des traitements alors disponibles dans le milieu des années 1960.

James prend les devants et contacte plusieurs fois les médecins qui sont membres de la société de cryogénie. Ces derniers expliquent qu'ils ne disposeront que de sept minutes à partir du moment où le décès est constaté pour effectuer l'opération de cryogénie.

Le jour fatal survient assez rapidement après que le sombre diagnostic fut posé, le 12 janvier 1967, à l'âge de 73 ans.

Trois spécialistes sont alors immédiatement dépêchés auprès du défunt : Robert Prehoda, chercheur en cryobiologie, Dante Brunol, médecin et biophysicien, Robert Nelson, Président de la Cryonics Society of California. Ils injectent aussitôt une solution chimique dans le corps de James pour préserver ses organes et tissus puis il est congelé avec un liquide nitrogène.

Il est changé de lieu de congélation plusieurs fois et finalement mis dans les locaux d'Alcor Life Extension Foundation en 1982.

Aujourd'hui, compte tenu de la technique de préservation et congélation utilisée en 1967, les spécialistes considèrent que le cerveau de James a probablement été altéré, notamment parce que la vitrification n'était pas encore possible à l'époque.

Les défenseurs de la cryopréservation célèbre désormais le « Bedford Day », le 12 janvier, sachant que son corps est déjà sous congélation depuis plus d'un demi-siècle.

Le footballer **Jean-Pierre Adams** était certes déjà connu quand il était jeune puisque talentueux défenseur dans l'équipe des Bleus et ancien joueur de l'OGC Nice et du Paris Saint-Germain Football Club.

Jean-Pierre Adams est né le 10 mars 1948 à Dakar au Sénégal. A 19 ans il participe déjà aux rencontres sportives du Championnat de France Amateur, puis par la suite, il entame une carrière internationale dans l'équipe de France et forme avec Marius Tresor la fameuse « garde noire ».

Mais malheureusement, il est hospitalisé en mars 1982 à l'hôpital Edouard Herriot de Lyon pour une banale intervention faisant suite à une rupture de ligaments à un genou. Et les choses partent en catastrophe. Il y a une grève des soignants dans cet hôpital et l'anesthésie est mal conduite par une anesthésiste qui doit alors s'occuper de huit patients à la fois et qui commet une erreur de dosage. Il y a un arrêt cardiaque et le cerveau de Jean-Pierre Adams est privé d'oxygène pendant trop longtemps et il sombre dans le coma.

Ce coma va durer 39 ans et jamais Jean-Pierre Adams ne va se réveiller. Il décède le 6 septembre 2021 à l'âge de 73 ans, détenant le triste record du coma le plus long. Un hommage lui sera rendu lors de la Coupe du Monde de Football, rebraquant les projecteurs de l'actualité sur le malheureux Jean-Pierre Adams, qui est maintenant plus « google-isé » pour la durée inhabituelle de son coma que pour ses exploits footballistiques, au demeurant remarquables.

Citons aussi le cas de **Cornelia Ras**, qui a survécu à une infection au Covid 19 contractée le lendemain de son 107ème anniversaire, lors d'une messe à laquelle elle assistait avec quarante autres personnes. Sur ce groupe, douze personnes décèdent de ce virus dans les semaines qui suivent. Pas Cornelia, qui est à ce jour la plus vieille survivante de ce redoutable virus.

16. MOYEN NUMÉRO SEIZE: DEVENIR UN CHEF DE GUERRE

Tout le monde ne devient pas général à 24 ans, tel Napoléon Bonaparte. Certains se révèlent devenir de grands chefs de guerre beaucoup plus tard et acquérir ainsi la célébrité qui va de pair.

Tel est le cas de **Paul von Hindenburg** qui naît au sein d'une famille aristocratique prussienne en octobre 1847, à Poznań au bord de la rivière Warta, dans l'ouest de la Pologne.

Son père est un officier prussien qui va acquérir un titre nobiliaire à la suite de fonctions gouvernementales. Sa mère est fille d'un médecin.

À 19 ans, Hindenburg est enrôlé dans l'armée prussienne et participe au conflit avec l'empire d'Autriche en 1866, puis dans la guerre de 1870 contre les Français, qui lui permet d'accéder au grade de lieutenant général.

En 1911, Hindenburg prend sa retraite d'officier, alors qu'il a 64 ans.

Mais la grande histoire va décider de ne pas le laisser jouir longtemps de sa paisible et anonyme vie de retraité.

Le 28 juin 1914, un jeune nationaliste serbe assassine l'archiduc héritier François Ferdinand de Habsbourg à Sarajevo. Par une sorte « d'effet papillon », cet assassinat exacerbe les tensions entre la Triple Alliance conclue entre l'Allemagne, l'Autriche-Hongrie et l'Italie et la Triple Entente qui réunit la France, la Grande-Bretagne et la Russie.

Début août 1914, l'Allemagne déclare la guerre à la Russie et à la France. Dans la foulée, le IIème Reich allemand viole la souveraineté belge, ce qui entraine de facto l'entrée en guerre de la Grande-Bretagne et le conflit devient mondial.

Dans cet enchaînement ou l'absurde entraîne la tragédie, Paul von Hindenburg est rappelé au service actif pour commander la huitième armée allemande. Promu rapidement au rang de maréchal, il s'illustre par une première série de victoires contre les Russes sur le front est qui le propulse au rang de héros national au sein de l'empire allemand.

Hindenburg remporte avec le General Erich Ludendorff la bataille de Tannenberg en Pologne contre la deuxième armée russe et devient un symbole d'unité nationale et de victoire en Allemagne. Hindenburg est nommé Chef de l'État-Major des Armées par le Kaiser, mais la défaite allemande en 1918, qui a coûté à l'Allemagne près d'un million de morts, le renvoie en retraite pour la deuxième fois à 71 ans.

En 1925, revoilà Hindenburg sur le devant de la scène lorsque, toujours auréolé de sa victoire à Tannenberg, il est élu démocratiquement Président de la République de Weimar. Réélu en 1932, il va tenir cette fonction jusqu'en 1933.

La République de Weimar ne survit pas aux difficultés économiques et sociales qui assaillent le pays et Paul von Hindenburg, malgré ses réticences fortes à l'égard du personnage, se voit contraint de nommer Adolf Hitler chancelier en janvier 1933, après que le parti nazi eut emporté les élections au Reichstag en 1932. L'histoire mentionne qu'après l'incendie du Reichstag en 1933, Hindenburg n'opposa guère de résistance au renforcement des pouvoirs d'Hitler, jusqu'à sa mort survenue en août 1934.

Le nom de Hindenburg va aussi rester à la postérité du fait que le plus grand dirigeable commercial jamais réalisé et portant son nom, construit par Zeppelin, et surnommé de façon prémonitoire « le Titanic des airs » prend feu à son arrivée aux États-Unis, dans le New Jersey en 1937.

Les images enregistrées par la presse présente sur les lieux s'imprimeront dans toutes les mémoires, construisant le symbole d'une des plus spectaculaires catastrophes aériennes et signant la mort de l'exploitation commerciale des ballons dirigeables. On ne parlera plus désormais que de la catastrophe Hindenburg pour évoquer cette tragédie qui a tué un tiers de la centaine de passagers et membres de l'équipage du dirigeable.

Le chef Apache **Cochise** est probablement né vers 1810 en Arizona. À cette époque l'espérance de vie est en dessous de 40 ans, plus proche de 35 ans.

Comme membre de la tribu indienne des Chiricahua Apache, Cochise va sillonner les terres de ses ancêtres situés sur l'Arizona, le Nouveau Mexique et le nord du Mexique, dans la région de Sonora.

Ces terres étaient territoire naturel des Apaches jusqu'à l'arrivée des premiers colons européens, notamment des Espagnols, qui venant du Mexique commencèrent à les leur disputer. Des premières tensions, nourries des différences culturelles, aux opérations militaires conduites par le gouvernement mexicain, le scénario menant à la guerre est enclenché, fondé sur la peur des Apaches de voir leur terre empiétée de plus en plus par les colons mexicains ou américains.

En octobre 1860, une bande d'Apaches attaque le ranch d'un américain originaire d'Irlande, John Ward, et kidnappe son fils adoptif, Felix.

En 1861 Cochise est accusé d'avoir conçu et mené cet enlèvement et Ward demande l'aide de l'armée américaine pour récupérer son fils et traduire Cochise en justice.

Cochise est arrêté par surprise et détenu jusqu'à la libération de Felix. Il réussit néanmoins à s'échapper et cet évènement est un déclencheur d'un conflit durable avec les autorités américaines. Par la suite Cochise et ses hommes, craignant un empiètement croissant des colons américains sur leurs terres ancestrales, vont mener des raids incessants sur les soldats confédérés, trouvant chaque fois refuge dans les Dragoon Mountains, une chaîne de montagnes situées dans le sud-est de l'Arizona. `

Des accrochages se produisant aussi avec des soldats mexicains de l'autre côté de la frontière, les habitants de ces régions demandent davantage de protection aux autorité mexicaines et américaines, d'autant que ces escarmouches vont causer des centaines de morts et faire des centaines de milliers de dollars de dégâts et conduire de nombreux colons à fuir ces contrées.

En 1862, Cochise et 200 guerriers attaquent un convoi militaire de troupes de l'Union venu menacer des troupes confédérées à l'aube de la guerre de Sécession. Le convoi a le malheur de s'engager dans Apache Pass près du Fort Bowie et Cochise saisit l'occasion de frapper un grand coup, qui restera dans les mémoires comme la bataille d'Apache Pass, une des plus fameuses des guerres menées par les Apaches Chiricahuas, guerres qui dureront 24 ans au total.

Cochise et ses hommes sortent vaincus de cet affrontement car les soldats de l'Union utiliseront un obusier, arme que ne possédaient pas les Indiens.

En 1872, le gouvernement américain fait une offre de paix à Cochise pour en finir avec cet état de guerre, alors que Cochise a atteint la soixantaine.

Cochise accepte l'offre qui consiste à cesser les hostilités en contrepartie de l'octroi d'une large réserve dans le sud-est de l'Arizona au profit des Apaches.

Cochise meurt deux ans plus tard d'un probable cancer de l'estomac à soixante-quatre ans. Son image se trouvera auréolé dix ans plus tard lorsque Felix refera surface et indiquera que Cochise ne figurait pas dans le groupe d'Apaches qui l'avait enlevé et qu'il n'était pour rien dans cette affaire.

Cochise avait souhaité être enterré dans une tombe anonyme et nul ne sait où, probablement dans une crevasse de

Stronghold Canyon ou dans ses environs immédiats.

Henri-Philippe Benoni Omer Joseph Pétain naît à Cauchy-à-la-Tour, dans le nord de la France le 24 avril 1856 au sein d'une famille de fermiers. Sa mère meurt alors qu'il n'a que 18 mois.

À 20 ans il intègre l'armée française après avoir effectué l'Académie militaire de Saint-Cyr.

Durant les vingt années qui suivent, jusqu'à la fin du XIXème siècle, au fil de garnisons successives et de fonctions diverses tant dans les états-majors que dans les régiments, il s'élève en grade dans les bataillons de chasseurs de l'armée de terre. Il passe ainsi successivement du grade de capitaine en 1890, à celui de major en 1900, puis au grade de colonel en 1910 après avoir suivi les cours de l'École Supérieure de Guerre.

Presque jamais durant ce parcours, Pétain n'est affecté en Indochine ou dans les colonies africaines, sauf durant la campagne du Rif au Maroc.

À l'aube de la première guerre mondiale, en 1911 et alors que Pétain a déjà 55 ans, il commande le 33ème régiment d'infanterie à Arras au grade de colonel. Il a notamment dans ses rangs un jeune lieutenant qui s'appelle Charles de Gaulle.

Au printemps 1914, il achète une villa, anticipant sa retraite car convaincu qu'il ne deviendra jamais général.

Le début du conflit va démentir rapidement cette conviction. Alors qu'il a 58 ans, il participe avec sa brigade à la bataille de Guise en août 1914, puis est promu général de brigade en remplacement de son supérieur qui s'est suicidé.

Puis on lui octroie le commandement de la 6ème Division qui s'engage dans la bataille de la Marne.

Il gagne encore du galon quelques mois plus tard en prenant le commandement du XXIII Corps, qu'il conduit dans l'offensive en Artois en 1915, puis il commande la

Seconde Armée dans l'offensive en Champagne.

Mais c'est en février 1916, alors que Pétain atteint la soixantaine, que sa notoriété de chef de guerre va s'envoler au rang de héros national, en enfonçant les lignes allemandes lors de la bataille de Verdun grâce à l'organisation d'une chaîne d'approvisionnent continue du front, le long de la « Voie Sacrée ».

À l'égard des Allemands, Pétain utilise des formules qui font mouche : « On les aura », « Ils ne passeront pas ». Il est remplacé par Nivelle dont l'offensive ratée du Chemin des Dames conduit à des mutineries au sein des troupes françaises. Pétain, alors

Commandant en Chef intervient pour faire cesser ces mutineries et rétablir la discipline au sein des armées, démoralisées par les attaques suicides conduites par Nivelle.

Pétain est fait Grand-Croix de la Légion d'Honneur en 1917 et Maréchal de France en novembre 1918 au moment de l'armistice. Il a 62 ans et on pourrait penser que sa carrière militaire et civile est terminée.

Comme chacun sait il n'en est rien et une fois encore c'est à l'occasion d'un nouveau conflit mondial qu'on va de nouveau faire appel à Philippe Pétain. À la suite de la déroute française en mai-juin 1940, Paul

Reynaud, Chef du Gouvernement fait entrer Pétain à son cabinet comme Ministre d'État.

Ce dernier milite en faveur d'un armistice avec Adolf Hitler, contrairement à Paul Reynaud qui appelle à résister et démissionne le 16 juin 1940. L'armistice est signé à Compiègne le 22 juin 1940. Il est ratifié par les deux assemblées réunies en Congrès en juillet, lequel confie les pleins pouvoirs constituants à Pétain.

C'est le début du déshonneur pour Pétain qui à 84 ans, prend la tête du gouvernement sur proposition du Président Albert Lebrun, et qui rencontre Hitler à Montoire le 24 octobre 1940. La Troisième République n'existe plus et est remplacée par la « Révolution Nationale » autour des valeurs Travail, Famille, Patrie qui se substituent à celles de Liberté, Égalité, Fraternité.

Le pire est à venir : en 1941, Pétain engage la France dans une politique de collaboration active avec l'Allemagne nazie, et il signe les ordonnances antisémites sur le statut des juifs qui a été négocié par Pierre Laval avec le dignitaire nazi Heydrich. Cette politique sinistre aboutira notamment à la « rafle du Vél d'Hiv » dans laquelle plus de 13 000 juifs seront arrêtés et déportés, dont une majorité de femmes et d'enfants.

La fin de Pétain n'est pas glorieuse. Après le débarquement en Normandie, il est exilé par les Allemands à Sigmaringen pour maintenir le mirage d'un gouvernement toujours actif. En 1945 après la victoire des armées alliées, il est condamné à mort, à l'indignité nationale et à la confiscation de ses biens pour haute trahison. De Gaulle, en tant que Chef du Gouvernement provisoire, commue la peine de mort en détention à vie, compte tenu du grand âge de Pétain. Il est déchu de tous ses honneurs civils et militaires.

Il est ensuite déporté à l'Île d'Yeu sur la Côte Atlantique. Par la suite, l'état de santé de Pétain se dégrade fortement et notamment ses facultés mentales et cognitives. Sa peine est commuée en confinement en établissement hospitalier. Il s'éteint en juillet 1951 à l'Île d'Yeu à l'âge de 95 ans.

En 1973, des extrémistes dérobent ses restes pour demander au Président Pompidou qu'ils soient transférés au cimetière de Douaumont. Retrouvant les voleurs et les restes de Pétain, il est ré-enterré à l'Île d'Yeu.

Finalement, Pétain aura connu la célébrité pour le meilleur à 60 ans et la célébrité pour le pire en étant devenu octogénaire, et c'est la célébrité pour le pire qui demeure dans nos mémoires collectives jusqu'à aujourd'hui.

17. MOYEN NUMÉRO DIX SEPT: PHILOSOPHER, FAIRE DE LA SOCIOLOGIE OU DE LA PSYCHANALYSE

"Philosopher c'est apprendre à mourir" nous a écrit Montaigne dans ses *Essais*, formule empruntée à Ciceron et Platon qui disait la même chose. En contrepoint, Spinoza et d'autres philosophes nous ont répondu le contraire, que philosopher c'est apprendre à vivre, à vivre même suffisamment longtemps pour devenir célèbre avant de mourir.

Arthur Schopenhauer naît en février 1788 à Gdańsk, ancienne cité de la ligue Hanséatique, dans l'actuelle Pologne. Sa mère Johanna a 19 ans quand son père Henri Floris en a 38. La famille est plutôt aisée, Henri Floris étant un riche marchand et affréteur. Pour lui d'ailleurs, l'avenir de son fils est tout tracé et il aura vocation à reprendre les affaires de son père. Même le choix du prénom Arthur résulte d'un calcul en ce sens qu'il s'écrit pareillement dans diverses langues européennes, ce qui facilitera l'insertion internationale de son fils selon les pensées d'Henri Floris.

L'annexion de Danzig par les prussiens amène la famille à migrer vers Hambourg, alors cité libre de la ligue Hanséatique.

Enfant et adolescent, Arthur découvre plusieurs pays européens, dont la France et l'Angleterre, ce qui lui permet d'en apprendre les langages. Il apprécie particulièrement son séjour en France.

Son père meurt quand il a 17 ans, probablement s'étant suicidé, et Arthur continue un temps l'apprentissage de banquier et marchand, en respect de l'héritage paternel, mais il quitte rapidement Hambourg avec sa mère pour aller à Weimar où elle s'est liée d'amitié avec Goethe.

Johanna Schopenhauer tient salon à Weimar et écrit des essais et nouvelles et publie des biographies dont celle du peintre flamand Jan van Eyck.

La philosophie, Arthur la rencontre à l'université de Göttingen, où il s'initie à Platon et Kant. Il étudie aussi à Berlin et s'intéresse notamment à la littérature, la poésie, l'histoire et l'astronomie.

Il étudie aussi les écrits de Fichte, Hegel, et Schelling, et obtient un doctorat de philosophie en 1813 à 25 ans.

Parti vivre à Dresde, il expose ses idées dans « *On the Fourfold Root of the Principle of Sufficient Reason* » basé sur la conviction que chaque chose à une raison ou une cause. Cet essai majeur ne recueille que très peu d'audience à l'exception notable de celle de Goethe. Ce dernier inviter régulièrement Schopenhauer à des discussions philosophiques.

Schopenhauer développe aussi une relation avec le philosophe Karl Christian Friedrich Krause, ancien élève de Fichte à Berlin.

En 1818, il publie *« The World as Will and Representation »* et assure des lectures à l'Université de Berlin, qu'Hegel vient de rejoindre aussi pour reprendre la chaire de philosophie.

Les lectures de Schopenhauer, concurrencées par celles de Hegel attirent peu de monde et restent confidentielles.

Les années qui suivent s'avèrent compliquées pour Arthur Schopenhauer, dont non seulement les lectures n'attirent pas les étudiants, mais qui en plus perd un procès contre une colocataire couturière avec laquelle il s'est confronté rudement dans un accès de colère.

Ses publications en librairie sont autant d'échecs et ses cours à l'université de Berlin n'attirent personne au contraire de ceux de Hegel qui font le plein des étudiants.

En 1831, amer de tant d'injustice à son égard, il se retire à Francfort pour vivre une vie d'ermite. Il a déjà 43 ans.

Ce n'est qu'à partir de la publication vingt ans plus tard, en 1851, de son recueil de réflexions philosophiques *« Parerga et Paralipomena »* qu'un début de reconnaissance apparait pour Arthur Schopenhauer. Le recueil est salué pour sa liberté de ton et son originalité et lui vaut un succès tardif.

Son ouvrage *« l'Art d'avoir toujours raison »* illustre son sens de l'humour et l'influence croissante de l'œuvre de Schopenhauer s'exercera sur de nombreux artistes et écrivains ou philosophes, dont notamment Nietzsche, mais aussi Freud et Bergson.

Une des citations de Schopenhauer est à retenir : « le talent, c'est le tireur qui atteint un but que les autres ne peuvent toucher ; le génie, c'est celui qui atteint un but que les autres ne peuvent pas même voir. »

Arthur Schopenhauer meurt d'une crise cardiaque en 1860 à Francfort à l'âge de 72 ans et devient par-delà sa mort une figure importante de la philosophie allemande du XIXème siècle.

Edgar Morin né Edgar Nahoum voit le jour le 8 juillet 1921 à Paris. Sa naissance fut à elle seule un défi puisque sa mère, atteinte d'une cardiopathie, souhaitait avorter et avait utilisé des produits abortifs. Puis le cordon ombilical s'enroule autour de son cou et il sort presque étranglé du ventre de sa mère. L'accoucheur le réanime. Plus tard, après la mort de sa mère alors qu'il n'a que dix ans, une mauvaise fièvre manque de l'emporter.

Durant la guerre d'Espagne en 1936, il s'engage comme militant antifasciste dans une organisation qui envoie des colis d'aide à l'Espagne républicaine.

Naturellement, dans le fil de ce premier engagement, il devient membre du Parti Communiste en 1941, puis devient résistant en 1942, au sein d'une obédience communiste, les Forces unies de la jeunesse patriotique. Un an plus tard il commande une unité des Forces Françaises

Combattantes, organisation qui s'intègre avec le Mouvement national des prisonniers de guerre et déportés dont François Mitterrand est le chef.

C'est durant cette époque qu'il finit par adopter définitivement le pseudonyme Morin attribué à la suite d'une erreur d'interprétation d'une camarade résistante sur son premier nom de résistant.

Autodidacte, il est licencié en droit et en histoire géographie, entre au CNRS en 1950 et fonde la revue *Arguments* en 1956. En 1959, il prend des distances supplémentaires avec le Parti communiste, après en avoir été exclu en 1951, en publiant le livre *« Autocritique »,* qui exprime sa déception à l'égard de cette idéologie.

Au CNRS, dont il deviendra Maître de recherches, il fait partie du Centre d'études sociologiques dirigé par Georges Friedmann.

Malgré son engagement à gauche et sa proximité avec Jean-Paul Sartre ou Marguerite Duras, il n'est pas signataire du « Manifeste des 121 » qui déclare le droit à l'insoumission dans la guerre d'Algérie.

En 1960, il fonde la Revue française de sociologie et la revue Communications.

À la fin des années 1960, une rumeur circule à Orléans selon laquelle des jeunes femmes sont enlevées dans les cabines d'essayage de six magasins de vêtements de la rue de Bourgogne, dans le centre-ville et tous tenus par des commerçants juifs.

Le but, selon la rumeur, est de prostituer les jeunes femmes à l'étranger dans le cadre d'une opération organisée de traite des Blanches.

Cette rumeur, qui s'étend rapidement dans la France entière, fait l'objet d'une étude sociologique conduite par Edgar Morin avec d'autres collègues, compte tenu de son intérêt et de son ampleur.

Cette étude connaît un succès d'audience.

Après divers voyages en Amérique latine, Edgar Morin, a l'opportunité de rencontrer Jacques Monod, auteur d'un ouvrage remarquable et remarqué intitule *"Le Hasard et la Nécessité"*, paru en 1970, et qui traite notamment des avancées de la génétique, de la biologie moléculaire et des conséquences qu'il est possible d'en tirer d'un point de vue philosophique.

Cette thèse ne peut que séduire Edgar Morin qui s'affirme être un incroyant radical. Il apprécie le bouddhisme car c'est une religion sans Dieu.

Edgar Morin commence à recevoir un certain nombre de distinctions à partir des années 1980, alors qu'il a déjà passé le cap de la soixantaine. C'est aussi à partir de cette décennie qu'il va rédiger *"La Méthode"*, œuvre en six volumes qu'il termine en 2004, et qui constituera un de ses apports majeurs et qui est une sorte d'encyclopédie.

Edgar Morin, qui devient le théoricien de la pensée complexe, est fait docteur honoris causa de nombreuses universités étrangères, notamment d'Amérique latine.

À partir des années 1990, jeune septuagénaire, il est distingué à plusieurs reprises dans les ordres nationaux de la

Légion d'Honneur, dont il sera fait Grand-Croix en 2021, et de l'Ordre National du Mérite (Grand Officier en 2012).

Il collectionne aussi diverses présidences d'associations ou d'institutions, dont la présidence de l'Agence Européenne pour la culture de l'Unesco et celle du conseil scientifique de l'Institut des sciences de la communication du CNRS.

Edgar Morin, qui a publié de très nombreux ouvrages et essais, est un auteur prolifique qui a dernièrement publié en 2023, alors qu'il était âgé de 102 ans.

Parmi les nombreuses citations d'Edgar Morin, il faut retenir au moins les deux suivantes :

"La vieillesse est comme une marche, un escalier qu'on monte, pas un escalier qu'on descend vers la tombe. C'est un escalier qu'on monte où chaque marche qui vient a plus de valeur compte tenu des marches déjà franchises. L'expérience donne plus de valeur à la marche suivante. Donc c'est une quête, le vieillissement, d'un changement permanent."

«Entre autres, vivre, c'est sentir, c'est aimer, c'est s'émouvoir, c'est s'attrister... Vivre, c'est tout un mélange de facteurs, d'affectivité et d'activité cérébrale permanente».

Sigmund Freud naît le 6 mai 1856 à Freiberg, dans l'actuelle république tchèque, à l'époque partie de l'Empire d'Autriche. Il est l'aîné d'une fratrie composée de cinq sœurs et deux frères.

Comme l'écrira Henri Frédéric Ellenberger, psychiatre et criminologue canadien :« la vie de Freud offre l'exemple d'une ascension sociale progressive depuis la classe moyenne inférieure jusqu'à la plus haute bourgeoisie ».

Son père est négociant dans le commerce de la laine. Quelques années après la naissance de Sigmund, la famille s'établit dans le quartier juif de Vienne, en février 1860.

Ses études secondaires sont plutôt brillantes et il obtient la mention excellent à son examen de maturité en 1873. Il s'inscrit alors à la Faculté de médecine de Vienne, en se consacrant principalement à la biologie et à la physiologie sous la direction du renommé Ernst Brücke, directeur du laboratoire de physiologie de l'université de Vienne. Il reçoit son diplôme en 1881 et se marie l'année suivante avec Martha Bernays. De cette union vont naître six enfants dont sa plus jeune fille Anna, qui se distinguera également comme psycho-analyste.

Freud se consacre aux patients atteints de désordres psychologiques et travaille désormais à Paris, à l'hôpital de la Salpêtrière, avec le neurologiste français Jean-Martin Charcot qui traite par l'hypnose certaines maladies mentales, dont l'hystérie. Ses travaux concernent les neurones et la cocaïne, stupéfiant dont il sera lui-même consommateur entre 1884 et 1895.

De retour à Vienne après un passage à Berlin en 1886, Freud a appris de ses travaux avec Charcot que les effets bénéfiques de l'hypnose ne durent pas. Avec son collègue et ami Josef Breuer, il est convaincu que l'origine de la plupart des névroses est due à des expériences traumatiques enfouies dans l'inconscient, et qu'en les rappelant à la conscience pour les confronter, il est possible d'améliorer la condition des patients par suppression des causes psychologiques de leurs troubles neurologiques.

Un désaccord surgit entre Freud et Breuer sur le fait que pour ce dernier, Freud attache trop d'importance à la sexualité sur la causalité des névroses. En particulier, Freud met en évidence des liens entre la sexualité infantile et l'inconscient.

En 1900, a 44 ans, Sigmund Freud va publier ce qui constituera l'une de ses œuvres majeures, « *L'interprétation des rêves* ». Il propose une thérapie par la voie de la cure psychanalytique dont le décor est le « divan-fauteuil » qui se substitue au traditionnel face à face de chaque côté du bureau du praticien.

Freud conceptualise la psychanalyse au fil de ces séances au cours desquelles il se tient hors de la vue du patient allongé sur le divan pour éviter de l'influencer. La cure analytique s'est forgée sur la méthode cathartique que Freud avait initié avec Breuer.

En 1909, alors que Freud voyage en Amérique, il publie *« Cinq leçons sur la psychanalyse »* qui traite de la technique psychanalytique.

Freud avait en effet commencé à s'intéresser au cas d'Ida Bauer, une jeune femme de 18 ans qui présente des symptômes de l'hystérie. Freud révèlera ce cas dans l'étude: *"Dora-fragment d'une analyse d'hystérie"*, qui s'intègre dans les cinq leçons et qui met en exergue le phénomène du transfert.

En 1910, Freud analyse le compositeur Gustav Mahler en Hollande.

En 1914, deux psychiatres suisses, Carl Gustav Jung et Ludwig Binswanger se différencient de la psychanalyse de Freud et développent la psychologie analytique autour du thème de la psyché individuelle qui investigue l'inconscient et l'âme. C'est l'école de Zurich qui va amplifier l'audience des thèses psychanalytiques, malgré la guerre qui paralyse l'extension du mouvement psychanalytique.

Malgré les critiques et oppositions aux pratiques et idées de Freud, la psychanalyse commence à acquérir ses lettres de reconnaissance à partir de 1920, alors que Freud est âgé de 64 ans. C'est l'année ou Freud décrit les différents aspects du Moi, du Ça et du Surmoi.

Le premier congrès international de psychanalyse se tient à Salzbourg en 1924, en l'absence de Freud, et marque l'extension du mouvement jusqu'en 1939.

En 1932, Sigmund Freud publie avec Albert Einstein un résumé de leur correspondance sur la guerre et la civilisation dans un essai intitulé « *Warum Krieg* » (Pourquoi la guerre ?).

Les publications de Freud sont brûlées lors des autodafés nazis et Freud doit s'exiler in extremis avec sa femme et sa fille Anna et quitter l'Autriche d'abord pour Paris, puis pour Londres. Il meurt en 1939 d'un carcinome a 83 ans, en influençant au-delà de sa mort de nombreux domaines des sciences humaines, juridiques et politiques, par ses découvertes sur l'inconscient, les rêves, la libido et la sexualité infantile, les pulsions, le refoulement et le complexe d'Oedipe.

18. MOYEN NUMÉRO DIX HUIT: CRÉER LA MODE, FAIRE DE LA PHOTOGRAPHIE

Qui a dit : « I never think about my age. Maybe that's the ticket. I never think about it. It's à passing thought. It's just à number…, I've found that work is very healthy for me. I love what I do and I put my heart and soul into it ». (Je ne pense jamais au sujet de mon âge. C'est peut-être la meilleure chose à faire. C'est juste un nombre… J'ai découvert que le travail est très bénéficiaire pour moi. J'aime ce que je fais et je mets tout mon cœur et mon âme dedans) ?

Se désignant elle-même a 102 ans comme une «geriatric starlet» et ayant toujours plus d'un million de followers sur Facebook, **Iris Apfel** (née Barrel) est née en 1921 dans le quartier du Queens à New York au sein d'une famille juive habitant dans une ferme, dont elle sera la fille unique.

Encore enfant, elle prend l'habitude de venir fréquenter le quartier de Greenwich Village à Manhattan où elle se rend en métro, dont le coût était dérisoire à l'époque. Elle prend plaisir à découvrir les boutiques d'antiquité et à faire ses toutes premières collections de bijoux. Sa grand-mère la laisse jouer avec de nombreux restes de tissus qui proviennent du travail de couturière que font ses autres filles pour des œuvres charitables, ce qui donna à Iris le goût de mélanger les couleurs et les textures.

Ces activités ludiques de sa jeunesse vont l'aider à bâtir le style éclectique et exubérant qui la caractérisera par la suite, avec ses lunettes surdimensionnées et ses bijoux appareillés à des tissus de diverses couleurs plutôt éclatantes.

Elle étudie l'histoire de l'art à l'université de New York et suit des cours artistiques à l'université du Wisconsin.

Elle travaille ensuite comme architecte d'intérieur au service d'Elinor Johnson, designer d'intérieur et pour le compte du journal Women's Wear Daily, souvent dépeint comme « la Bible de la mode ». Elle assiste aussi l'illustrateur et artiste Robert Goodman, originaire de Philadelphie.

Iris se marie en 1948 avec Carl Apfel et ensemble, ils créent en 1950 une entreprise de textile la « Old World Weavers » (les Tisserands du Vieux Monde), qu'ils dirigeront jusqu'en 1992.

L'entreprise se spécialise dans des reproductions de tissus élaborés au cours des 17ème, 18ème et 19ème siècles.

Iris Apfel confiera que son design est classique mais au-dessus du top. Son talent de designer va lui offrir l'opportunité de travailler pour la Maison Blanche et de travailler pour neuf présidents des États-Unis (Truman, Eisenhower, Kennedy, Johnson, Nixon, Ford, Carter, Reagan et Clinton).

À ce moment-là, Iris Apfel gagne ses surnoms de « First Lady of Fabric » et aussi « Our Lady of the Cloth ». Ses projets de design et de restauration intérieure vont la mobiliser durant plus de quarante ans entre 1950 et 1992.

Iris Apfel et son mari se transforment en globe-trotters internationaux à la recherche de nouveaux textiles, vêtements et du mobilier unique en son genre pour la décoration d'intérieur.

En 2005, et alors qu'Iris Apfel a 84 ans, le Met's Costume Institute, partie intégrée au Metropolitan Museum of Art de New York, décide de centrer son exposition sur une sélection de la collection de costumes et de joaillerie d'Iris Apfel.

Cette exposition, à propos de laquelle le MET écrira : « Iris Apfel est l'une des personnalités les plus vivaces des mondes de la mode, du textile et de la décoration d'intérieur, et sur les 40 dernières années, elle a cultivé un style personnel à la fois spirituel, et particulièrement exubérant », va constituer un tournant radical dans sa notoriété ascendante.

Après cette exposition sa renommée quitte le seul milieu de la mode new-yorkaise pour la transformer en icône internationale de la mode.

En 2011, elle travaille à un programme de formation de premier cycle sur la filière textiles et vêtements de l'université du Texas. Par la suite, elle devient l'égérie de diverses marques commerciales de cosmétiques ou de l'industrie automobile.

En 2014, un documentaire sur Iris Apfel est réalisé réunissant des témoignages prestigieux venant de média aussi prestigieux que Vanity Fair et The Times.

En 2017, un documentaire sur sa vie, titré simplement *« Iris »* est nominé lors des Emmy Awards.

En 2018, Iris Apfel fait le design d'une gamme de poupées Barbie portant ses lunettes légendaires et son style vestimentaire pour le compte de l'entreprise Mattel.

Un an plus tard, elle signe un contrat avec l'agence internationale de mannequins IMG, basée à New-York.

Iris Apfel, à 103 ans, donne de grandes leçons de vie et de considérations très intéressantes sur l'âge. Pour elle, pour rester jeune, il faut penser jeune, c'est-à-dire garder sa capacité d'émerveillement, son sens de l'humour et une curiosité permanente. Elle déclare dans une interview : « La vie peut être grise et fade, alors autant s'amuser quand on s'habille ».

Elle recommande de toujours privilégier son sentiment personnel et de ne pas vouloir faire plaisir à tout le monde, car comme elle a déclaré : « Si vous voulez contenter tout le monde sur tout, vous finissez par n'être rien aux yeux de tout le monde ».

Elle pense aussi que c'est une erreur de prétendre être plus jeune que l'on est : » There's nothing wrong with wrinkles. When you're older, trying to look years older is foolish, and you are not fooling anyone. When you're seventy-five and you get à face-lift, nobody is going to think you are thirty » (« Il n'y a rien de mal à avoir des rides. Quand vous vieillissez, essayer d'apparaitre plus jeune est une idiotie et ne trompera personne. Quand vous avez 75 ans et que vous faites un lifting du visage, personne ne croira que vous avez 30 ans »).

Iris Apfel, qui vient de mourir le 1er mars 2024 dans sa résidence de Palm Beach en Floride, était encore active la veille de sa mort sur Instagram où elle avait trois millions de followers.

Le 13 juin 1894 naît **Jacques Henri Charles Auguste Lartigue** au sein d'une famille aisée vivant à Courbevoie en France.

Il a la possibilité de se livrer jeune à des activités privilégiées telles que la peinture à l'huile, les courses de voiture et d'apprendre les fondamentaux de la photographie.

Dès l'âge de neuf ans, on le voit manipuler un appareil photo que lui a donné son père et qu'il va utiliser en permanence pour photographier, sa chambre, portraitiser ses oncles et cousins, surprendre son frère se jetant à l'eau d'un bateau.

Il aime la conduite automobile sportive, l'aviation, les femmes habillées à la mode sur les bords de mer ou dans les jardins publics, et tout cela, il va le capturer dans sa boîte noire au fil des années et même des décennies.

De 1915 à 1916, il étudie la peinture à l'Académie Julian et se considérera toujours plus comme un artiste peintre qu'un photographe, aussi talentueux qu'il ait été dans cette dernière spécialité.

De 1910 à 1920, il photographie à tout va, plus intéressé par le mouvement des choses ou des êtres qu'à respecter les strictes règles de la technique photographique.

Il privilégie les photos en noir et blanc puis expérimente par la suite un nouveau procédé couleurs appelé Autochrome, qui lui permet de mieux concilier son double intérêt pour la peinture et la photographie.

Durant les années 1930 et 1940, ayant subi des revers de fortune, pour augmenter ses revenus, il vend des toiles et prend en photos des gens de la classe moyenne durant leurs activités de loisirs, loin des horreurs de la seconde guerre mondiale.

La notoriété de Jacques Henri Lartigue va changer radicalement au début des sixties lorsque le Museum of Modern Art de New York -MOMA- lui consacre une exposition en 1963, et alors qu'il est déjà âgé de 69 ans. C'est à la suite d'un voyage aux États-Unis qu'il peut entrer en contact avec un jeune conservateur du MOMA du département photographie et que cette opportunité s'est offerte à lui.

L'exposition est un succès en raison du fait qu'il est éloigné dans ses œuvres photographiques des portraits posés et figés jusqu'alors privilégiés par les photographes. Il publie une collection de ses photos en 1970 qui s'intitule *« Diary of à Century »*.

Il est fait Chevalier de la Légion d'Honneur en 1975, après avoir réalisé le portrait officiel du nouveau Président de la République française, Valéry Giscard d'Estaing.

Il poursuit son travail de photographe jusqu'à ses 90 ans passés et meurt en 1986, en laissant derrière lui des centaines de clichés photos, 1500 peintures et des milliers de pages de journal.

Plusieurs hommages lui seront rendus, dont une rue à son nom dans le 5ème arrondissement de Paris et une station de tramway en Île de France.

Rose Victoria Repetto naît en 1900 à Cannes. Elle se marie avec Edmond Petit en 1920 avec lequel elle aura deux fils, dont Roland Petit, danseur étoile et fondateur des Ballets des Champs-Élysées en 1945 et des Ballets de Paris en 1948, et futur époux de Zizi Jeanmaire, danseuse et meneuse de revues.

Comme l'indique la maison Repetto sur son site Web : « En 1947, sur les conseils de son fils Roland Petit, Rose Repetto installe un minuscule atelier de chaussons de danse au 22 rue de la Paix, à deux pas de l'Opéra National de Paris ».

Grâce à la qualité et l'ergonomie des chaussons, le succès est immédiat. Les danseurs de France et de Navarre affluent dans la boutique, faisant de Repetto la référence du monde de la danse. En 1956, Brigitte Bardot pousse les portes de la boutique avec une idée en tête : trouver une chaussure aussi légère que les demi-pointes qu'elle portait, mais bien plus seyante et féminine.

Madame Repetto crée alors une ballerine inédite, selon une technique directement inspirée du montage des chaussons de danse, «le cousu retourné». C'est ainsi que la première ballerine Repetto voit le jour, d'emblée synonyme d'élégance et de légèreté.

Les ballerines « Cendrillon « que Rose Repetto dédie à Brigitte Bardot et la fréquentation de sa boutique par des danseurs aussi prestigieux que Maurice Béjart, Rudolf Noureev, Mikhaïl Barychnikov, Cyril Atanassoff et ceux des Folies Bergère, vont évidemment fortement accroître la notoriété de la marque Repetto et celle de la boutique du 22 rue de la Paix.

En 1964, le logo Repetto est créé par l'artiste argentine d'inspiration surréaliste Eleonor Fini, dite Leonor Fini.

Dans les années 1970, Serge Gainsbourg devient ambassadeur de la marque, ayant été séduit par les ballerines Zizi, modèle créé par Rose Repetto pour sa belle-fille Zizi Jeanmaire.

Rose est alors septuagénaire.

En 1984, Rose Repetto décède et la griffe commence à mal vieillir, au point que même les danseurs ne se rendent plus rue de la Paix pour s'y équiper.

En 1999, Jean Marc Gaucher, récemment décédé en 2023, et ancien responsable de Reebok, à l'opportunité de reprendre l'entreprise Repetto, alors en grande difficulté financière.

Grâce à son talent de manager et à des partenariats avec des grands noms de la mode tels que Issey Miyake, Yohji Yamamoto, Comme des Garçons, ou Karl Lagerfeld, Jean Marc Gaucher va redonner tout son éclat à la marque et à l'entreprise elle-même. En 2011, Repetto est en capacité industrielle de produire 500 000 paires de ballerines par an.

En 2012, il inaugure une école de formation des métiers du cuir de Repetto, en Dordogne, et dans laquelle plusieurs centaines d'apprentis se familiarisent avec la fameuse technique du « cousu-retourné » initiée par Rose Repetto plus d'un demi-siècle auparavant.

À partir de 2013, Repetto lance ses gammes de parfums et fragrances.

Aujourd'hui Repetto est présent en France et en Belgique et porte toujours bien haut le nom de sa fondatrice à laquelle la marque se doit d'exister.

19. MOYEN NUMÉRO DIX NEUF: DEVENIR ACTEUR, PRODUCTEUR, CINÉASTE, COSTUMIÈRE

En décembre 1934, naît a Heworth, un quartier de la ville d'York au nord du Yorkshire anglais, **Judith Olivia Dench.** Son père est anglais et sa mère irlandaise.

Elle étudie à la Royal Central School of Speech and Drama, école fondée en 1906 et basée à Londres. L'une de ses camarades de classe est Vanessa Redgrave.

Sa carrière artistique démarre en 1957 au théâtre, au sein de la prestigieuse Royal Shakespeare Company. Son premier rôle est celui d'Ophélie dans Hamlet et elle se fait vite remarquer comme l'une des plus talentueuses comédiennes de sa génération. Par la suite, elle joue les rôles majeurs des autres pièces de Shakespeare, dont Juliette dans Roméo et Juliette et Lady Macbeth dans Macbeth.

Elle sera élevée au rang de Dame de l'empire britannique en 1988, a 54 ans, pour les services qu'elle a rendus au théâtre anglais.

Bien que très orientée sur le théâtre elle s'essaie aussi dans le cinéma à partir de 1964 et va rester cantonnée dans des seconds rôles pendant plus d'une vingtaine d'années.

En 1987, elle obtient, lors de la 40ème cérémonie des British Academy Film Awards, le titre de meilleure actrice dans un second rôle dans le film *« A room with a view »* (Chambre avec vue), sorti en Angleterre en 1985 et alors qu'elle est associée dans le film avec l'actrice Maggie Smith, laquelle remporte le même titre lors des Golden Globes 1987.

Au cinéma, elle se spécialise assez naturellement dans les adaptations cinématographiques des pièces de William Shakespeare dont *Henry V* en 1989, *Hamlet* en 1996 et surtout *Shakespeare in Love* en 1999, qui lui permet de remporter l'Oscar du meilleur second rôle féminin.

Mais c'est surtout à partir de 1995, alors qu'elle à 61 ans, et jusqu'en 2012, que sa notoriété internationale va décoller, grâce à son rôle au cinéma de directrice de MI6 (Secret Intelligence Service) dans la série des films de James Bond.

Ainsi, elle apparaît avec Pierce Brosnan dans *Golden Eye* en 1995, dans *Demain ne meurt jamais* en 1997, *The World is not enough* en 1999.

En 1999, elle remporte un Tony Award pour son rôle d'Esme Allen dans la pièce de David Hare Amy's View jouée à Broadway.

Après la mort de son mari Michael Williams en 2001 d'un cancer du poumon, Judy Dench part au Canada pour tourner *The Shipping News* du réalisateur Lasse Hallström un drame réunissant également Kevin Spacey et Cate Blanchett.

Toujours en 2001, alors âgée de 67 ans, elle tourne *Iris,* une biographie d'Iris Murdoch, romancière et philosophe irlandaise, avec notamment pour partenaires Kate Winslet et Hugh Bonneville, qui lui vaudra une nomination aux Oscars l'année suivante.

En 2002, nouveau James Bond avec *Meurs un autre jour,* qui sera suivi de *Casino Royale* en 2006, de *Quantum of Solace* en 2008, puis de *Skyfall* en 2012, film à grand succès et dont la chanson du générique, chantée par Adèle va recevoir l'Oscar de la meilleure chanson originale lors de la 85ème cérémonie des Oscars en 2013, ainsi que le Golden Globe de la meilleure chanson originale.

Pour Judi Dench, qui tourne ce film avec Daniel Craig, c'est le septième et dernier James Bond pour elle, alors que sa renommée internationale est à son apogée. Elle a alors 78 ans.

Elle continuera de tourner par la suite, notamment dans Confident Royal en 2017 où elle joue le rôle de la reine Victoria.

S'attaquant aux préjugés de l'industrie du cinéma sur les actrices âgées, elle déclare en 2014 dans une interview donnée au journal *Irish Examiner*:"J'en ai assez qu'on me dise que je suis trop vieille pour essayer quelque chose. Je devrais pouvoir décider par moi-même si je ne peux pas faire certaines choses et ne pas avoir quelqu'un qui me dise que je vais oublier mon texte ou que je vais trébucher et tomber sur le plateau".

Plus tard elle dira aussi au magazine T*he Hollywood Reporter* : "L'âge est un nombre. C'est quelque chose qui vous est imposé. Cela me rend absolument folle quand les gens me disent : Allez-vous prendre votre retraite ? N'est-il pas temps de vous reposer ?"

En 2020, elle fait encore la couverture de *Vogue* en étant la personne la plus âgée à le faire.

Elle est désormais retirée, à la suite d'une maladie dégénérative de la rétine, qui lui fait progressivement perdre la vue.

Youn Yuh-Jung, née en juin 1947 est une actrice sud-coréenne. Lorsqu'elle a deux ans, la guerre de Corée éclate, lui laissant cependant le souvenir d'un voyage dans un train de marchandises que sa famille emprunte pour fuir les combats vers le sud du pays. Son père meurt lorsqu'elle a neuf ans, laissant sa mère l'élever seule.

Étudiante en littérature à Séoul à la fin des années soixante, elle a l'occasion de visiter un studio de télévision à TBC TV qui produit des émissions pour les enfants. Un présentateur de l'émission la remarque, lui remet une récompense pour sa présence à l'antenne, puis la réinvite la semaine suivante, et elle finit deux mois plus tard par devenir l'une des animatrices de l'émission, en incarnant le rôle de Mister Bear. Son débit de voix et sa modernité plaisent au public.

Par la suite, elle brosse le portrait d'une concubine royale du XVIIème siècle, ce qui lui permet de gagner en notoriété et de se voir offrir des tournages de film. Elle les décline au motif que les scenarii sont tous du genre : « une pauvre fille rencontre un jeune homme riche dont la famille s'oppose à leur mariage » et donc elle trouve ces histoires sans aucun intérêt.

Elle joue ensuite divers rôles dans des films burlesques, tels que *Woman of Fire* et *The Insect Woman* sous la direction de Kim Ki Young, réalisateur connu pour s'intéresser à la psychologie féminine, notamment dans des films d'horreur sexualisés. Elle gagne grâce à ces films des récompenses de meilleure actrice.

En 1974, elle se marie avec un chanteur populaire Jo Young-Nam, bien plus connu qu'elle, et part en Floride aux États-Unis avec lui. Pendant que son mari étudie la théologie, elle se conforme aux traditions familiales coréennes et devient mère au foyer s'occupant de ses deux fils nés en 1984.

Son mari la trompe et elle divorce en 1987 et elle est obligée de retourner en Corée pour reprendre son métier d'artiste.

Cependant le divorce étant mal vu en Corée du Sud à cette période, son retour ne s'avère pas évident et elle ne le réussit que grâce à son talent et sa personnalité unique. Au départ, elle pensait ne jamais pouvoir revenir dans la carrière après un break aussi long. « plus personne ne me connait. Ma renommée s'est envolée. Je ne sais pas quoi faire » dit-elle à ce moment de sa vie. Elle pense même revenir aux États-Unis pour prendre un job de caissière dans un supermarché et subvenir aux besoins de ses deux enfants.

Un jeune assistant réalisateur, qui ne connait même pas son passé lui offre alors un tout petit rôle qu'elle s'empresse d'accepter tant elle a besoin d'argent. Et avec le talent qu'elle possède, c'est une seconde naissance artistique qui lui arrive.

Ce n'est qu'en 2003 qu'avec le film *A Good Lawyer's Wife* du réalisateur Im Sang-Soo dans lequel elle joue la femme adultère d'un mari alcoolique avec lequel elle n'a plus couché depuis 15 ans, que sa carrière redécolle vraiment à nouveau. L'actrice a alors 56 ans.

En 2010, elle joue dans *The Housemaid,* un thriller érotique et psychologique dans lequel elle interprète le rôle de « Miss Cho ». En 2012 elle se produit dans *The Taste of Money,* film qui mêle corruption, sexe et avidité au sein d'un conglomérat familial.

Sa carrière cinématographique est ponctuée de récompenses et nominations comme Best Actress ou Best Supporting Actress. En 2016, le film *Canola* lui vaut à nouveau une nomination au 53ème Grand Bell Awards en Corée du Sud.

En 2013, elle apparaît dans son premier reality show, *Sisters Over Flowers* à la télévision sud-coréenne, puis en 2020, elle fait ses débuts à Hollywood alors qu'elle a 73 ans en jouant le rôle d'une grand-mère dans une famille rurale de l'Arkansas dans le film *Minari,* rôle qui lui vaut de nouvelles reconnaissances de plus de 40 critiques cinématographiques.

En 2020, la 93ème cérémonie des Oscars la récompense du titre de Best Supporting Actress.

En avril 2021, *Film at Lincoln Center,* une association sans but lucratif basée à New-York présente une rétrospective de cinq de ses principaux films, et en septembre de la même année elle est sélectionnée parmi les 100 personnes les plus influentes dans le monde dans *Time 100,* publié par Time magazine.

En 2022, elle fait partie du casting de *Pachinko,* une série télé américaine qui décrit une saga de quatre générations d'une famille coréenne.

Enfin, en 2023 elle contracte avec le *Creative Artists Agency (CAA),* une agence centrée sur sports et talents basée à Los Angeles et récemment acquise par le milliardaire François Henri Pinault.

Bref, la carrière de Youn Yuh-Jung n'est pas close à bientôt 77 ans, et c'est tant mieux!

Le 30 novembre 1937 en Angleterre, Elizabeth née Williams et le Colonel Francis Percy Scott donne naissance au jeune Ridley. Le père est militaire et la famille vit dans différents endroits durant la seconde guerre mondiale.

La guerre finie, la famille s'établit dans le nord-est de l'Angleterre, dans le comté de Durham, et **Ridley Scott** étudie l'art et le design au West Hartlepool College of Art décrochant un bachelor's degree en 1958. Deux ans plus tard, il obtient son Master en arts graphiques au Royal College of Art de Londres.

Boy and Bicycle est le premier court métrage réalisé en noir et blanc par Ridley Scott alors qu'il est encore étudiant au Royal College of Art en 1965, et a 28 ans.

Engagé par la BBC, il devient successivement chef-opérateur, chef-décorateur, puis enfin réalisateur, et s'occupe de séries anglaises à succès, telles que *The Informer* et *Z-Car*.

C'est à partir de 1968 que Ridley Scott, quittant la BBC va entamer sa carrière de réalisateur en fondant sa propre maison de production avec son frère Tony, qui réalisera notamment *Top Gun* en 1986, et trois autres partenaires, s'illustrant tous par la suite comme Alan Parker, réalisateur de *Birdy* et de *Midnight Express*.

Dans les années 1970, Ridley Scott réalise nombre de films publicitaires pour la télévision britannique et en 1977, alors qu'il a 40 ans, il réalise *Les Duellistes*, adapté d'un roman de Joseph Conrad, qui se passe durant l'épopée napoléonienne, et qui lui vaut un prix de la meilleure première œuvre au Festival de Cannes.

Si ce film rencontre un accueil mitigé du public, le suivant en revanche va « cartonner » puisqu'il s'agit *d'Alien, le Huitième Passager*, réalisé en 1979. Le film, d'abord accueilli froidement par la critique, se transforme en succès immense au box-office, en mêlant horreur et science-fiction et obtient l'Oscar des meilleurs effets visuels en 1980. Il lance par la même occasion la carrière d'actrice de Sigourney Weaver, héroïne du film. Par la suite devenu un film culte, d'autres épisodes cinématographiques lui succéderont, dont *Alien : Covenant* réalisé en 2017 de nouveau par Ridley.

En 1982, Ridley Scott sort *Blade Runner,* une sorte de thriller de science-fiction qui se passe à Los Angeles et illustre un policier qui combat des androïdes appelés répliquants. Initialement le film ne marche pas aux États-Unis, mais est un succès à l'étranger et devient une œuvre majeure du genre cyberpunk et des univers post apocalyptiques.

En 1984, Ridley Scott, qui n'a jamais arrêté de tourner des publicités, réalise celle d'Apple pour le Macintosh à l'occasion notamment du Super Bowl de 1984. Cette pub, inspiré du roman 1984 de George Orwell, est très remarquée.

En 1985, Ridley Scott tourne *Legend,* un conte féerique avec Tom Cruise, qui connaîtra le succès grâce à sa version DVD.

Les années suivantes, Ridley Scott souhaite sortir de la case dans laquelle on l'a catalogué, celle d'un publicitaire très doué pour les effets spéciaux, pour être davantage reconnu comme un réalisateur de films plus proches de la réalité de tous les jours. Il produit notamment *Black Rain* en 1989, un film policier avec Michael Douglas et Andy Garcia, qui se passe au Japon dans le milieu des yakuzas. Comme souvent avec Ridley Scott, la critique boude d'abord le film, avant que le public ne le transforme en succès commercial par la suite.

En 1991, Ridley va frapper un grand coup en réalisant *Thelma et Louise*, un film qui met en scène la cavale de deux femmes utilisant les armes pour combattre la violence masculine, avec comme actrices principales Susan Sarandon et Geena Davis et comme acteur Brad Pitt, dont ce film lance la carrière.

Si ce film rencontre un succès commercial et remporte l'Oscar du meilleur scénario original, le suivant *1492 : Christophe Colomb*, avec Gérard Depardieu, est un échec cuisant qui va éloigner des plateaux Ridley Scott pendant presque cinq ans.

C'est en 2000, alors que Ridley a maintenant 63 ans qu'il réalise et signe avec *Gladiator,* l'un de ses plus gros succès commerciaux. Ce film, qui prend place à l'époque de l'Empire romain, avec pour principaux acteurs Russell Crowe et Richard Harris, met en scène les péripéties d'un général romain aux prises avec l'empereur Commode. Le film engrange des centaines de millions de dollars de recettes et remporte cinq Oscars, dont celui du meilleur film et du meilleur acteur pour Russel Crowe.

En 2001, sort *La Chute du Faucon Noir,* qui s'inspire de la guerre civile en Somalie durant les années 1990, et qui est un modeste succès commercial, malgré cette fois une critique plutôt bonne lors de la sortie.

Ridley Scott est connu, outre son talent, pour sa très forte capacité de travail. Il va encore le prouver par la suite, puisqu'après divers films plus ou moins à succès comme *Une Grande Année* avec l'actrice Marion

Cotillard, *American Gangster*, de nouveau avec Russell Crowe dans un rôle principal, il sort *Prometheus* en 2012, qui signe son retour à la science-fiction et rapporte tout de même plus de 400 millions de dollars.

Après divers films, dont *Exodus* en 2014, Ridley Scott produit un énorme succès de science-fiction en 2015 avec *The Martian* dans lequel un astronaute joué par Matt Damon survit seul sur la planète rouge. Le film « cartonne », remporte sept nominations aux Oscars, dont celle du meilleur film et rapporte plus de 600 millions de dollars au box-office.

En 2015 aussi, Ridley se marie avec Giannina Facio, actrice et ex-show girl, de

18 ans sa cadette et que Ridley a fait apparaitre dans pratiquement tous ses films dès 1999.

L'épisode numéro deux de *Blade Runner* sort en 2018 sous le titre *Blade Runner 2049*, avec Harrison Ford à nouveau, et juste après *Alien Covenant*.

En 2021 le film *House of Gucci* qui réunit Lady Gaga, Al Pacino Adam Driver (Girls) raconte l'histoire et le meurtre, sur commande de son ex-femme Patrizia Reggiani, de Maurizio Gucci à Milan en 1995.

En 2023, à 86 ans, Ridley Scott sort *Napoléon* et revient aux films historiques et à son intérêt pour l'épopée napoléonienne. La critique est médiocre en France, pays de l'Empereur, mais le public accueille plutôt bien le film.

Aux dernières nouvelles, à 86 ans Ridley Scott s'apprête à tourner un long-métrage biopic sur les Bee Gees en négociant avec Paramount Pictures, et à travailler sur un projet de western et sur *Gladiator 2*.

Ann Roth naît à Hannover en Pennsylvanie, l'État Quaker, le 30 octobre 1931, de l'union d'Eleanor et James Roth. En 1953, elle décroche un diplôme du *College of Fine Arts* à l'université de Carnegie Mellon à Pittsburgh. Elle commence à peindre des décors et des paysages pour l'Opéra de Pittsburgh.

Elle rencontre alors, dans le théâtre Bucks County Playhouse de New Hope, Irene Sharaff, célèbre costumière qui a notamment réalisé les costumes de shows célèbres de Broadway, des films *West Side Story, Cléopâtre, Qui a peur de Virginia Woolf* et d'un *Américain à Paris*.

Irene Sharaff la décourage de s'investir davantage dans un métier de décoratrice, car selon elle «ce n'est pas un endroit pour les femmes».

En revanche, elle propose à Ann Roth de la suivre en Californie pour l'aider à fabriquer les costumes du film *Brigadoon*, un film tourné en 1954 près de Los Angeles, bien que censé se dérouler en Écosse, avec Gene Kelly dans le rôle principal.

Irene Sharaff enrôle Ann Roth pour cinq films suivants et cinq shows à Broadway. Sur cette apprentissage et initiation, Ann Roth va désormais voler de ses propres ailes et réaliser en 1964 des costumes pour son premier film à Hollywood, *The World of Henry Orient*, avec Peter Sellers.

La suite de sa carrière est ponctuée d'étapes clés pour elle : en 1969, elle costume notamment Dustin Hoffman dans *Midnight Cowboy*, puis dessine une courte chemise de nuit noire avec des mains roses soutenant les seins, inspirée d'une revue porno, pour Barbara Streisand dans *The Owl and the Pussycat* en 1970. Elle reprendra d'ailleurs ce thème en 2013 pour la pièce *The Nance* écrite par Douglas Carter Beane. Ce qui vaudra à Ann Roth de gagner un Tony Award pour le design du costume.

Dans *Klute*, en 1971, elle habille Jane Fonda qui joue le rôle d'une call girl.

En 1984, à l'occasion du film *Les Saisons du Cœur (Places in the Heart),* Ann Roth est nominée pour l'Oscar de la meilleure création de costumes qu'elle a créé pour l'actrice Sally Field.

Le véritable Oscar, celui des meilleurs costumes, va venir plus tard, en 1997 et alors qu'Ann a déjà 66 ans pour son travail de costumière dans *Le Patient Anglais*, du réalisateur Anthony Minghella et dans lequel jouent notamment les actrices Kristin Scott Thomas et Juliette Binoche.

Pour effectuer ce travail, Ann Roth a creusé dans les archives de la British Royal Geographical Society à Londres et des photos des années 30 prises par la photographe américaine Elizabeth Miller, élève de Man Ray.

En 2004, elle affuble Natalie Portman d'une perruque rose à 19 dollars dans le film *Closer,* et qui vaudra l'Oscar de la meilleure actrice dans un rôle secondaire à Natalie Portman.

En 2017, pour le film *Pentagon Papers* de Steven Spielberg, elle réalise les costumes pour Tom Hanks et Meryl Streep.

Durant toute sa carrière, Ann Roth collabore avec presque toutes les stars de la réalisation : Dino De Laurentis, Mike Nichols, Steven Spielberg, John Schlesinger, Anthony Minghella, Brian De Palma, Jack O'Brien et bien d'autres comme George Roy Hill ou Stephen Daldry.

En 2020, alors âgée de 89 ans, Ann Roth dessine les costumes pour le film *Le Blues de Ma Rainey (Ma Rainey's Black Bottom)* du réalisateur George C. Wolfe, avec l'actrice Viola Davis dans le rôle de la chanteuse de blues Ma Rainey. Ce film vaut à Ann Roth l'Oscar pour les meilleurs costumes en 2021.

En juin 2021, Ann Roth confie à la journaliste Anna Wyckoff, dans une interview intitulée *The Person in the Mirror* : « la chose importante pour un acteur, c'est de savoir que vous êtes là pour les aider à trouver leur personnage. Vous êtes là pour eux et pas pour vous-même, pour dire que leur vêtement vient d'Ann Roth. »

En 2023, dans le film *Barbie* de la réalisatrice Greta Gerwig, Ann Roth, amie de cette dernière, est choisie pour donner une réplique brève mais émouvante dans un arrêt de bus à l'actrice Margot Robbie, qui interprète Barbie.

Dans une interview accordée en juillet 2023 au New York Times, Anne Roth déclare en préambule : « Ne me traitez pas d'incroyable. Ne me dites pas que je suis une légende de 91 ans. Ne rappelez pas que je suis la plus vieille personne du film *Barbie* ».

20. MOYEN NUMÉRO VINGT: FONDER UNE FAMILLE ET FAIRE DES ENFANTS

Pour la plupart d'entre nous, fonder une famille et faire des enfants est un acte banal que nous accomplissons entre 18 et 50 ans, sans que cela ne suscite une quelconque curiosité, au delà peut être de notre cercle restreint familial et de relations amicales. Pour certains et certaines en revanche, cet acte si banal le devient beaucoup moins en raison de leur âge et va attirer l'attention bien au delà de ce cerle relationnel immédiat.

Ramjit Raghav est né en Inde dans l'État d'Haryana au nord-ouest de Delhi, apparemment en 1916 et commence à gagner sa vie comme lutteur, avant de devenir fermier. Il se revendique principalement végétarien, se nourrissant principalement d'amandes, accompagnées cependant de lait et de beurre. Pour lui, ce régime de végétaux et de grains est gage de sa longévité, et surtout de sa virilité. Ramjit se déclare également sobre et ne jamais boire d'alcool.

Sa vie est réglée comme du papier à musique : tous les jours que Dieu fait, lever à 5 heures du matin, travail dans les champs le matin, sieste d'une à deux heures dans l'après-midi et coucher à 20 heures.

Ramjit Raghav apparaît pour la première fois sous la lumière des projecteurs en 2010 à l'âge supposé de 94 ans, en se revendiquant le père le plus âgé du monde lorsque sa femme de 49 ans donne naissance à un garçon, auquel le couple donne le prénom de Bikramjeet.

Deux ans après, le couple accueille un deuxième fils prénommé Ranjeet. Plus tard, ils renoncent à faire un troisième enfant ensemble, non pas en raison de l'âge canonique de Ramjit mais seulement pour des raisons financières. La pension de $9.50 que perçoit Ramjit du gouvernement de son État s'avère en effet insuffisante pour couvrir les frais d'une famille nombreuse.

En novembre 2012, l'association américaine PETA (People for the Ethical Treatment of Animals) choisit Ramjit Raghav pour être son ambassadeur international au motif que seuls les végétariens peuvent encore tenir le coup en bonne santé à 96 ans.

En 2013, sa femme Shakuntala Devi, le quitte brusquement, la veille du premier anniversaire de Ranjeet, emportant son fils avec elle. Ramjit se declare dévasté par cette nouvelle qui le laisse seul à 97 ans entre les quatre murs de sa demeure.

Ramjit déclare au journal Mirror, qu'habitué à faire l'amour trois à quatre fois par nuit avec Devi, il avait dû modérer sa vie sexuelle depuis qu'il était devenu père de famille et pour le bien être de ses enfants.

Ramjit, resté célibataire auparavant, avait rencontré Devi dans un mausolée musulman dix ans plus tôt, lors d'une journée pluvieuse, et ils étaient devenus amoureux en faisant du yoga ensemble. Ramjit Raghav est mort en 2020 dans l'incendie de sa maison à l'âge de 104 ans.

Omkari Panwar donne naissance à des jumeaux, un garçon et une fille, par césarienne à sa 34ème semaine de gestation. Jusque-là, rien d'extraordinaire, sauf qu'elle vient d'avoir 70 ans, son mari en ayant soixante-dix-sept.

Le couple Panwar, déjà parents de deux filles et grands-parents de cinq petits-enfants, souhaitait absolument avoir un héritier mâle, capable de bénéficier d'une dot lors de son mariage, et aussi de travailler leur terre.

Pour arriver à leurs fins, le couple Panwar a recours à la fécondation in-vitro, et pour en financer le processus qui est très au-dessus de leurs ressources, ils vendent leur bétail, hypothèquent leur terre, sacrifient leurs maigres économies, et utilisent le crédit permis par leur carte de crédit.

La grossesse d'Omkari n'est pas un long fleuve tranquille: elle est douloureuse et chaotique, mais Omkari en a vu d'autres et elle admet qu'il faut parfois souffrir pour obtenir le bien que l'on souhaite. Par ailleurs, elle et son mari prient Dieu, ses Saints tous les jours et ils se rendent très souvent dans des lieux religieux, pour solliciter l'aide du Ciel dans cette épreuve.

Omkari accouche prématurément d'un mois à l'hôpital de Muzaffarnagar, à sept heures de route au nord de New Delhi, mais tout se passe bien et le mari d'Omkari se déclare alors très heureux et fier d'être à nouveau père.

Omkari figure comme la mère la plus âgée au monde et a été mentionnée par la presse internationale à ce titre.

Certaines personnalités déjà fort connues se sont également illustrées, non pas par un nouveau film, un nouveau single, un nouveau livre ou une nouvelle pièce de théâtre, mais par le biais d'une paternité tardive.

Ainsi **Robert De Niro** a eu le plaisir en avril 2023, à 80 ans, d'être l'heureux papa d'une petite Gia Virginia Chen De Niro, fruit de son union avec Tiffany Chen, 45 ans.

Pour Robert De Niro, il s'agissait de son septième enfant qu'il aura eu pour finir, de quatre femmes différentes.

Peu de temps après l'accouchement, Tiffany Chen a souffert d'une paralysie de Bell, une paralysie temporaire du visage qui peut être une complication faisant suite à une grossesse.

Dans la même veine que Robert De Niro, **Al Pacino**, prodigieux acteur du *Parrain* ou de *Scarface*, a eu le bonheur en 2023, alors qu'il était âgé de 83 ans, d'accueillir dans son foyer son nouveau-né Roman, de sa compagne Noor Alfallah, 29 ans. Pour lui Roman est son quatrième enfant, tous conçus de trois femmes différentes, deux jumeaux de l'actrice Beverly D'Angelo, et une fille, Julie Marie, de son ancienne coach Jan Tarrant.

Puisqu'on y est, saluons aussi dans ce livre **Anthony Quinn,** inoubliable personnage de *Zorba le Grec* et plusieurs fois distingué par l'Academy Awards, et qui fait deux enfants à sa secrétaire Katherine Benvin, rencontrée quand il avait 70 ans et elle 23 ans.

Anthony Quinn devient alors l'heureux père d'Antonia Patricia Rose et de Ryan Nicholas, alors qu'il a respectivement 78 ans et 81 ans. Katherine Benvin aurait déclaré : « je pensais qu'à la soixantaine, les gens s'assoient sur une chaise et attendent plus ou moins de mourir ».

Puis j'ai rencontré Quinn en survêtement après un jogging, qui me dit : « ma vie est un désordre. Je peins quelque chose, je vais faire une pièce de théâtre et je réalise un film et j'écris aussi un scénario. J'ai besoin de quelqu'un pour m'aider».

21. MOYEN NUMÉRO VINGT ET UN: SÉDUIRE ET COURTISER

"L'amour n'a point d'âge: il est toujours naissant" nous a enseigné Blaise Pascal dans ses *Discours sur les passions de l'amour*. De même, "Quand on aime on a toujours vingt ans" comme nous l'a chanté le québécois Jean-Pierre Ferland.

Mais l'amour est aussi un excellent moyen d'acquérir la notoriété, bonne ou mauvaise selon les appréciations, comme le démontrent les exemples suivants:

Au début des années 1620, peut être en 1623 selon ses dires ou plutôt le 10 novembre 1620 selon d'autres sources, naît à Paris Anne, fille d'Henri de Lenclos et de

Marie-Barbe de la Marche, et surnommée très vite Ninon.

Sous l'égide de son père, libertin affiché, cultivé et grand joueur de luth, la jeune **Ninon de Lenclos** s'initie au luth mais aussi à la littérature. Elle lit les Essais de Montaigne, qui la passionnent et aussi les grands classiques, ce qui lui permet de susciter l'étonnement dans les divers salons où sa bigote de mère l'introduit. Ninon agrémente bientôt sa conversation par la pratique du clavecin qu'elle apprend après le luth.

Elle est curieuse de tout, apprend l'espagnol et l'italien, les sciences aussi et devient femme de lettres. Elle se sent libertine comme son père, et défend l'épicurisme, philosophie centrée sur l'atteinte du bonheur par la satisfaction de ses seuls désirs naturels et nécessaires.

En 1632, son père est impliqué dans une sale affaire d'adultère suivie d'un meurtre. Il fuit le foyer conjugal.

Ninon a 16 ans, prend son premier amant, premier d'une liste qui sera longue ! Elle habite désormais, à l'initiative de sa mère, dans le quartier du Marais à Paris, près de la place Royale, où la haute aristocratie réside et a ses habitudes, de libertinage notamment.

Le premier amant s'envole vite, mais Ninon, qui a gagné en expérience sur le terrain de la séduction, se fait vite entretenir par un conseiller du Parlement.

En 1642, sa mère meurt et les Précieuses qui animent les salons du Marais se mettent à ignorer Ninon, dont la respectabilité est encore à construire.

Elle va alors se mettre sous la coupe bienveillante de Marion Delorme, courtisane alors au sommet de sa renommée, et ancienne maitresse de Richelieu et de Monsieur de Cinq Mars.

Résidente également place Royale, le duo Ninon de Lenclos et Marion Delorme écument le tout Paris galant des jeunes seigneurs de la cour. Marion est plus jolie que Ninon mais dotée de moins d'esprit, et elle meurt à 36 ans d'une surdose d'antimoine.

Ninon choisit et collectionne les amants : Le Grand Condé, cousin de Louis XIV, François de la Rochefoucauld, le maréchal d'Estrées, l'astronome Christian Huyghens. Elle classe ses amants en trois catégories, selon qu'ils la payent, soupirent sans espoir, ou bien soient ses caprices, ou coup de cœur du moment.

Louis de Mornay, marquis de Villarceaux et capitaine de la meute du roi, appartient à cette dernière catégorie et donnera un fils à Ninon. Comme Villarceaux est marié, cela vaudra à Ninon d'être brièvement enfermée dans un couvent sur ordre de la reine Anne d'Autriche.

Même si Manon fait commerce de la galanterie, au point qu'on la surnomme « Notre Dame des Amours », en fréquentant les hommes les plus influents du royaume avec un appétit féroce, elle séduit aussi par sa culture, son esprit et son intelligence.

Son activité de courtisane, l'a enrichie et octroyée une véritable indépendance financière, aussi à la sortie du couvent, elle se fait plus discrète sur son commerce sexuel, qu'elle exercera cependant jusqu'à 77 ans et se tourne davantage vers l'animation de son salon, qu'elle ouvre en 1667 à l'Hôtel de Sagonne, à l'approche de la cinquantaine.

Elle reçoit Molière dont elle se sent proche et le conseille sur Tartuffe, et bientôt les gens les plus célèbres de la culture se donnent rendez-vous chez elle : La Rochefoucauld, un ancien amant, Scarron, Fontenelle, Françoise d'Aubigné, Jean-Baptiste Lully, Jean de la Fontaine, Nicolas Boileau la princesse Palatine, le duc de Saint-Simon, Charles Perrault, Jean Racine et Philippe d'Orléans. L'esprit de son salon est libertin et athée. Henri de Sévigné, mari de la Marquise, est un pilier de son salon où chacun fait état de ses réflexions philosophiques.

Pendant plus de trente ans, Ninon de Lenclos va acquérir une réelle notoriété par son abondante correspondance avec le marquis de Sévigné, qui développe sa vision philosophique de l'amour, de l'épicurisme, de l'éthique, de la métaphysique et du naturalisme. Pour elle, l'amour et ses passions dominent toujours les humains dans leurs choix moraux. L'amour et la sexualité apportent les plus grands plaisirs de la vie et nous tirent de la routine. En 1659, on lui attribue la rédaction d'un pamphlet défendant de vivre indépendamment de toute influence religieuse.

Voltaire, qu'elle connut quand il était jeune garçon écrira en 1751, pour lui rendre hommage, « *Dialogue entre Mme de Maintenon et Mlle de Lenclos,* » dans lequel s'établit un dialogue philosophique entre ces deux grandes amies sur le grand âge.

Ninon meurt le 17 octobre 1705 en fin d'après-midi à l'âge de 85 ans.

Massimo Gargia naît à Naples en Italie le 20 août 1940 d'un père ingénieur et d'une mère au foyer. Très vite il se fatigue de la vie napolitaine et il commence à découvrir une autre vie à Capri, où il découvre la jet-set et qu'il a du succès auprès des femmes.

La jet set, il en découvrira la cruauté plus tard en s'apercevant avec quelle vitesse elle rejette, comme un noyau de cerise, ceux qui n'ont soudainement plus de succès ou d'argent.

Il décide alors d'aller étudier à Rome, soi-disant au sein du ministère des Affaires Étrangères, mais ce n'était qu'un prétexte donné à ses parents pour partir. A 22 ans, il monte à Paris et séduit pour la première fois une femme très riche, une des filles de la dynastie Agnelli.

Il obtient une licence en droit à l'Université de Naples, pour pouvoir tout de même faire carrière au sein du ministère des Affaires Étrangères. Une de ses maitresses qui deviendra une amie à vie est Françoise Sagan. Cette dernière se montre très généreuse avec Massimo et lui offre de somptueux cadeaux.

Il a une brève liaison avec Greta Garbo, et devient l'ami de Gina Lollobrigida.

À 40 ans, en vieillissant, Massimo comprend que s'il veut continuer à fréquenter la jet set, il ne pourra plus compter que sur son seul succès auprès de femmes riches. Il lui faut trouver autre chose et il s'oriente vers les relations publiques et l'organisation de fêtes pour les gens fortunés.

C'est en 1978 précisément qu'il fonde et dirige le magazine *The Best* avec le playboy italien Giorgio Pavone. Ils ont l'idée de récompenser chaque année les personnalités du monde de la mode et de l'élégance, en leur remettant un trophée de leur magazine *The Best.*

En 1985, il obtient de petits rôles dans quelques films, dont *Milady* avec Arielle Dombasle.
Massimo se reconnait ouvertement bisexuel et se marie en 1991 avec Francine Crescent, ancienne rédactrice en chef de *Vogue France.*

Les célébrités, telles que Rihanna ou Madona, se font payer très cher pour participer à des soirées, leurs cachets pouvant dépasser le million d'euros pour un soir de présence.

Comme Massimo l'a indiqué en août 2023 dans une interview accordé à Jordan De Luxe sa participation en 2004 à l'émission de télévision «La *Ferme des Célébrités*» a changé sa vie en étendant très largement sa notoriété au-delà de la seule jet-set et en la faisant pénétrer dans les milieux populaires. Il a alors 64 ans.

Après cette émission, c'est au tour de Massimo de se faire payer pour participer à des soirées, ce qui lui permet de financer les soins médicaux de sa femme malade, atteinte d'une forme rare de la maladie de Parkinson et qui décèdera en 2008.

Toujours en 2004, Massimo enregistre un single, parodie jet-set d'un succès du groupe O-Zone, sous le titre *Ma Ce Ki ?* Ce single intègre le classement des meilleures ventes de l'année 2004.

En 2008, Massimo est membre du jury de Mister France, puis en 2009 il préside le jury de l'émission Top Model Belgium, présentée par Adriana Karambeu et Jérémy Urbain.

Tout au long des années 2000, Massimo Gargia se révèle aussi comme auteur et publie de nombreux livres dont *Jet-Set, mémoires d'un play-boy* en 2000, *Le Journal de Massimo : l'année d'un jet-setteur* en 2004, *Le Guide du millionnaire* en 2007, *La femme de ma vie* en 2008 et *La double vie* en 2018.

Massimo, qui aura 84 ans en août 2024, n'accepte le vieillissement que parce qu'il arrive à maintenir à peu près le même mode de vie que lorsqu'il était plus jeune. Dépourvu de fortune à l'âge avancé de la retraite, il continue d'organiser des soirées pour ses amis milliardaires, notamment en Suisse, à Gstaad, ou sur la Côte d'Azur, à Cannes et Saint-Tropez.

Sári Gábor naît en février 1917 à Budapest, en Hongrie. Quand la notoriété s'empara d'elle, ce sera sous le nom **de Zsa Zsa Gabor.**

À 13 ans elle fait des études en Suisse, se fait remarquer par le chanteur d'opéra

Richard Tauber qui l'initie quelque peu au monde du spectacle.

Après quelques prestations au théâtre et dans l'opérette à Vienne, son premier fait d'armes est de se faire élire Miss Hongrie en 1936.

Quand on connait la richesse du parcours amoureux de Zsa Zsa Gabor, l'année 1937 en marque le départ puisqu'elle se trouve un premier mari, en la personne d'un officiel du gouvernement turc de 35 ans.

Quatre ans plus tard, les deux conjoints s'accordent sur un divorce, alors que Zsa Zsa et sa mère s'installent aux États-Unis, pour fuir le nazisme, la famille étant juive.

La jeune femme ne perd pas son temps, puisqu'elle fait rapidement connaissance, dans un night-club, avec Conrad Nicholson Hilton, le fondateur de la chaîne d'hôtels du même nom.

Le flirt se concrétise très vite par une union officielle qui donnera naissance à une fille, Francesca. Mais tout cela ne dure pas longtemps, puisque le couple divorce en 1947.

Troisième mariage en 1949 avec l'acteur George Sanders, qui se remariera plus tard avec Magda l'une des deux sœurs de Zsa Zsa.

En 1952, Zsa Zsa tourne un rôle dans le film *Moulin Rouge* de John Huston, puis dans *Lili*. À partir de ces années et sur les quarante suivantes, elle apparait beaucoup à la télévision dans divers shows, talk-shows, jeux TV, ou comédies. Dans les années 1960, elle joue la criminelle Minerva dans la série *Batman*. Elle tourne des films aussi à Hollywood, notamment avec Orson Welles dans *Touch of Evil* ou en Europe et obtient en 1958 le Golden Globe de l'actrice la plus glamour.

Sa façon de prononcer darling « dah-link » séduit et lui donne un style.

Zsa Zsa enchaîne les mariages et les divorces. Se succèdent ainsi, le financier

Herbert Hutner, le magnat du pétrole Joshua Cosden, l'inventeur Jack Ryan, l'avocat Michael O'Hara et l'acteur Felipe de Alba.

Son dernier mariage avec le Prince Frederick von Anhalt, de 30 ans son cadet, célébré en 1986, va être beaucoup plus durable, puisqu'il durera jusqu'à sa mort en 2016. Au total neuf mariages s'inscriront à son compteur.

Par-delà ces unions officielles, Zsa Zsa ne se cache pas d'avoir eu de nombreuses autres liaisons avec différentes célébrités, telles que Atatürk, Sean Connery, Frank Sinatra, Richard Burton et avoir repoussé les avances d'autres dont John F. Kennedy, Elvis Presley ou Henry Fonda.

Cette vie sentimentale agitée et spectaculaire a fait autant pour la renommée de Zsa Zsa que sa carrière cinématographique. Son image de femme fatale ou de courtisane est désormais solidement établie.

Elle déclare : « Je suis une bonne gouvernante. Chaque fois que je divorce, je garde la maison », et aussi : « je n'ai jamais haï un homme suffisamment pour lui rendre ses diamants ».

En 2009, Zsa Zsa revient à la une de la presse people, quand son avocat révèle qu'elle est une des victimes du scandale Bernard Madoff et qu'elle a perdu des millions de dollars dans cette escroquerie.

À plus de 70 ans, on la voit jusqu'au milieu des années 1990, jouer au théâtre, apparaître dans des séries TV ou avoir des rôles au cinéma. Sa dernière apparition est pour le film « *A Very Brady Sequel* » en 1996, alors qu'elle a 79 ans.

La santé de Zsa Zsa a toujours été un problème. Jeune elle souffre déjà de dépression et de bipolarité.

À partir de 2002, alors qu'elle est âgée de 85 ans, les ennuis s'accumulent. Après une paralysie partielle, faisant suite à un crash en voiture, elle fait un AVC en 2005, puis une chute en 2010, suivie d'une amputation de la jambe droite en 2011 pour conjurer une infection.

Elle décède à Los Angeles d'un arrêt cardiaque en décembre 2016, à quelques encablures de son centième anniversaire.

22. MOYEN NUMÉRO VINGT DEUX: AIMER LE SEXE

On pourrait croire qu'au delà d'un certain âge, disons la soixantaine bien tassée, notre ticket n'est plus valable côté sexuel, en s'inspirant du roman de Romain Gary. Il semble pour beaucoup qu'il n'en soit rien, que leur libido reste puissante, et au fond c'est une très bonne nouvelle.

Richard Lemieuvre naît à Marseille le 12 août 1942. Si ce nom va rester totalement inconnu jusqu'à ce jour, son pseudonyme **Richard Allan** est en revanche ancré dans les mémoires de tous ceux qui ont maté les dizaines de films pornos qu'il a tournées dans les années 1970-1980.

Impossible de nommer tous les titres dans ce livre à la fois par retenue, mais aussi parce que leur liste est longue, ce qui traduit d'ailleurs les exceptionnelles qualités de performer de Richard Allan.

Citons quand même le film *« Queue de Béton »* en 1978, qui lui vaudra sa réputation pour le reste de sa carrière d'acteur porno, ou « Les bas de soie noire » en 1981, qui reste un incontournable de l'Âge d'Or du X français.

Bien sûr, la plupart des autres titres sont très explicites, dont les suivants donnent un petit aperçu : *« French érection »* en 1976, *« Le feu à la minette »* et *« Sophie aime les sucettes »* en 1978, *« La cage aux partouzes* » en 1977, « *La grande lèche* » en 1979, « *L'aubergine est bien farcie* » en 1981, « *Les Tontons tringleurs* » en 1999.

Dès les années soixante, alors qu'il a la vingtaine, son intérêt marqué pour le sexe l'amène à participer à des orgies, alors que le jour il travaille dans le bâtiment et l'import-export.

Marié à Liliane, le couple devient vite des habitués de clubs libertins pour s'adonner à la sexualité de groupe qu'ils affectionnent.

Plus tard il décrira ce monde des nuits parisiennes qu'il a fréquenté assidûment et où se mêlent allègrement dans des partouzes organisées, célébrités et parfaits anonymes.

Un essai de roman-photo pornographique est avorté car Richard Allan est un peu trop stressé par la caméra et n'arrive pas à bander. Qu'à cela ne tienne, il s'applique à dissocier son mental de son organe viril et dès lors il ne connaît plus la panne et enchaîne maintenant le tournage de films pornos avec les stars féminines de la profession: Claudine Beccarie, Sylvia Bourdon, Brigitte Lahaie, Marilyn Jess, Karine Gambier.

Richard Allan va tourner plus de 400 pornos jusqu'en 1984, année de ses 42 ans ou il se retire, sans vilain jeu de mot. Dans le même temps, il joue des petits rôles dans des films non pornographiques, tels que « *La guerre des polices* » de Robin Davis en 1979 et « *Police* » en 1985 de Maurice Pialat.

Il remet cependant le couvert en 1999, à 57 ans, dans les *Tontons Tringleurs,* où il retrouve son compère Alban Ceray, ainsi que les acteurs pornos Dominique Aveline et Roberto Malone, tous ayant la cinquantaine, parfois bien dépassée. Les actrices du film en revanche sont beaucoup plus jeunes que ces bientôt papys du porno.

En 2007, le scénariste et réalisateur français réalise le film « *Brigitte et moi* », qui met en scène Brigitte Lahaie et Richard Allan, et qui sur le fond d'une love-story entre ces deux acteurs, est une évocation sur base d'archives, de l'âge d'or du cinéma X et de la libération sexuelle des femmes dans les années 1970-1980.

En 2010, Richard Allan publie ses mémoires, sous le titre « 8000 femmes », censé représenter le nombre de femmes avec lesquelles il a copulé, titre au demeurant imposé par son éditeur, car ce n'était pas son choix initial.

L'éditeur ayant fait faillite par la suite, Richard Allan réédite son livre en 2018 sous le titre *Démon de Vénus*.

En 2022, Richard qui a maintenant 80 ans, ne « débande pas », si on peut dire, en publiant le livre *« Aventures Sextraordinaires »* de 352 pages, préfacé par Brigitte Lahaie, et qui enrichi de centaines de photos et d'anecdotes, fait un retour en arrière sur la carrière d'acteur de Richard Allan et de cette « parenthèse enchantée » que fut le porno pour lui.

Dans le domaine du sexe, le cas de **Shigeo Tokuda** est encore plus étonnant. Né à Tokyo le 18 août 1934, Shigeo Tokuda va travailler comme guide touristique jusqu'à son départ en retraite à 60 ans. Durant toute cette période de vie, rien ne se passe d'extraordinaire, voire de surprenant dans la vie de Shigeo qui aurait pu attirer la lumière sur lui, ne serait-ce qu'une journée.

Tokuda en retraite s'ennuie et se met à consommer du porno pour se distraire. Il finit par connaître un réalisateur de films pornos et en devient l'ami. Ce dernier lui fait part d'une constatation, à savoir qu'il y a un public friand de porno entre personnes âgées et actrices plus jeunes. Tokuda se voit proposer un premier rôle qu'il accepte avec enthousiasme. Pourtant Tokuda n'a rien d'un Apollon du Belvédère. Il est petit, moins de 1,60m, et il est chauve.

Dès lors, il a trouvé sa seconde carrière à 60 ans passés et va enchainer les vidéos pornos jusqu'à en tourner 350.

Le Japon, qui compte environ 124 millions d'habitants, fait face à un vieillissement de plus en plus critique de sa population. Parmi celle-ci, plus de 30 millions d'habitants ont plus de 65 ans.

Ce phénomène va grandement aider Tokuda à construire sa carrière d'acteur porno. En effet l'industrie des vidéos X au Japon s'adresse en partie à ce public du troisième âge qui se reconnaît dans des acteurs âgés ou jeunes forniquant sous l'œil de la caméra avec des femmes mâtures, ayant déjà largement dépassé la trentaine.

Cette génération des seniors au Japon a en outre vécu une jeunesse assez coincée, compte tenu de la rigidité de la société japonaise d'alors et de son conformisme.

Tokuda travaille d'abord pour les studios Ruby Productions et avec des actrices d'âge diversifié, puis aussi avec les studios Glory Quest, plus spécialisés sur des vidéos X impliquant des acteurs masculins âgés, assez fréquemment de plus de 70 ans. Dans cette veine, en 2004, Glory Quest lance une série intitulée « *Maniac Training of Lolitas* » qui devient vite plébiscitée et qui est suivie en 2006 d'une autre, devenue aussi un succès commercial, et intitulée « *Forbidden Elderly Care* ». Tokuda qui a fait une attaque cardiaque à l'âge de 70 ans, devient avec ces séries une véritable marque à lui tout seul de l'industrie japonaise en pleine croissance du « silver porn ».

Lors d'une interview à Canal Plus Tokuda déclare : « Je pense aujourd'hui que le porno pour les vieux est nécessaire et j'encourage le maximum de personnes âgées à nous rejoindre ».

En 2008, la chaîne américaine diffuse un reportage sur Tokuda qui fait sensation. Sur l'un de ces derniers CD-Rom qu'il exhibe alors est écrit : « Ah, quel bonheur ! Ne craignez pas de vieillir ! Le désir est le meilleur des remèdes ! »

Bien sûr, plusieurs fois la même question lui a été posée : « Quel secret explique votre vitalité sexuelle ? » Sa réponse tient dans une hygiène de vie excluant toute médication, d'un régime à base d'œufs et de légumes, et de marches à pied quotidiennes. Il estime aussi que dès que la caméra tourne, son imagination prend le dessus et que ça l'aide.

L'exemple de Tokuda a donné l'idée aux producteurs X nippons d'étendre la formule gagnante en faisant tourner des actrices pornos âgées parfois de plus de 70 ans aussi.

Tokuda figure dans le Guiness World comme le plus vieil acteur porno du monde. Sa famille n'a découvert son activité X que lorsqu'il a eu 74 ans, et sa femme ne semble pas s'en être offusquée, s'inquiétant juste pour sa santé, de crainte qu'il ne travaille trop !

En 2021, Tokuda était toujours impliqué dans l'industrie du X.

Dominique Alderweireld est né à Annoeullin dans le Nord le 5 février 1949. Il a une enfance difficile et il dira plus tard qu'il ne pouvait se laver qu'une fois par semaine durant cette période, car ses parents sont trop pauvres.

À 5 ans, ses parents s'établissent à Lille dans un appartement sordide de la rue de la Baignerie, nom donné aux bordels, au Moyen-Âge.

Il est nul en classe, triple sa sixième, étant notamment dyslexique. On le met chez les jésuites, mais le seul résultat qui en ressortira sera son aversion pour la religion et son anticléricalisme.

Premier cambriolage à 17 ans et première fréquentation d'une «marmite» (prostituée) à 18 ans, dont il devient vite le proxénète.
Il apprend le karaté et part en compagnie de son prof racketter des clients pêchés dans les bars gays de la ville. Il rencontre Frédérique, qui séduit les hommes pour leur soutirer de l'argent. Dominique assure sa sécurité durant ses rencontres tarifées et perçoit le produit des passes.

À partir de là Dominique Aderweireld, plus tard surnommé **«Dodo la Saumure»**, va enchaîner les petits boulots et les combines et arnaques pas très claires. On le voit un moment agent immobilier du dirigeant africain Félix Houphouët-Boigny.

En 1970 il ouvre son premier bar à Lille, puis à Dunkerque avec des machines à sous clandestines. Il gagne son surnom de Dodo la Saumure, en allusion à son prénom Dominique et à la saumure qui sert notamment à conserver les maquereaux !

Profitant de la tolérance accordée par la loi belge sur la prostitution, il ouvre des « salons de massage » en Belgique et des bars montants. Il a notamment le culot d'ouvrir une maison de passes à Tournai, en face de l'hôtel de police, et alors même que si la prostitution est légale en Belgique, le proxénétisme lui est interdit par la loi.

En 1986, il rencontre Marie, une femme de bonne famille ayant dépassé la quarantaine et pressée de trouver un géniteur. En dépit du passé de délinquant de Dodo la Saumure, dont des vols de voiture, des trafics de contrefaçon et le proxénétisme, le couple s'installe mais pas pour longtemps puisque Marie le met à la porte du domicile conjugal assez vite.

Sa fille Camille naît en octobre 1987 dans le 14ème arrondissement de Paris, alors que lui purge une peine de prison à Fleury-

Mérogis. Il prénomme sa fille Camille, en hommage à un truand corse surnommé ainsi, qu'il admire et qui vient juste d'être assassiné. Dodo va laisser tomber sa fille après sa rupture avec Marie, sachant qu'il aura deux autres filles de femmes différentes.

À l'issue de la période 2000 à 2009, Dodo est à la tête d'au moins seize bordels, dans diverses localités belges, fréquentés notamment par certaines personnalités françaises, qui franchissent la frontière française pour jouir des plaisirs tarifés sans risque.

C'est en 2011 que Dodo la Saumure va faire la une de l'actualité nationale et même internationale grâce, si l'on peut dire, aux bons offices de Dominique Strauss Kahn, ancien ministre des Finances.

En mai 2011, Dominique Strauss Kahn (surnommé DSK), ancien Ministre et directeur général du Fonds Monétaire International (FMI), est arrêté à l'aéroport John Fitzgerald Kennedy à New-York, sous l'accusation de viol, d'agression sexuelle et de séquestration formulée par une femme de chambre de l'hôtel Sofitel où il venait de résider à Manhattan.

La nouvelle fait l'effet d'une véritable bombe, car outre qu'elle implique le dirigeant d'une des institutions financières les plus réputées au monde, Strauss Kahn est alors le favori de la prochaine élection présidentielle en France où les sondages le donnent vainqueur de Nicolas Sarkozy.

Parmi les nombreux développements de l'affaire, la presse révèle alors qu'un dénommé René Kojfer, chargé des relations publiques des hôtels Carlton et les Tours à Lille, organise des parties fines mêlant prostituées et notabilités, parmi lesquelles Dominique Strauss Kahn et le Commissaire Divisionnaire de Police de Lille, Jean-Christophe Lagarde.

Les filles sont sélectionnées et fournies par Dodo la Saumure, qui vit alors avec une prostituée, Béa, ayant elle-même participé à des parties fines avec Strauss-Kahn tant à

Paris qu'à Washington DC, siège du FMI. Les procédures judiciaires s'enchaînent et leur développement dans tous les médias popularise le nom et la personnalité pittoresque de Dodo la Saumure qui a alors 62 ans.

En 2012 et 2013, il est l'invité de plusieurs émissions TV, dont « *Ce soir ou jamais* » et « *Touche pas à mon poste* ». Il fait également l'objet d'un clip du rappeur Seth Gueko en 2013.

Comme Dominique Strauss Kahn lui-même, Dodo la Saumure finira par bénéficier d'une relaxe dans cette affaire en 2015.

En 2014, on lui recense encore cinq « salons de massage », dont un qu'il baptise le « DSK » pour « Dodo Sex Klub ». La même année, il écope d'une peine de prison de cinq ans avec sursis probatoire, devant la cour d'appel du Hainaut à Mons, pour proxénétisme et incitation à la débauche.

Adepte de la provocation, Dodo la Saumure déclare en opposition au mouvement Metoo: « Metoo, je ne sais pas ce que c'est. Moi les droits des femmes, je suis contre, je suis pour les droits de l'humanité ».

En 2022, il s'est félicité à 73 ans d'un nouvel assouplissement de la loi belge sur le proxénétisme qui devrait lui permettre de rouvrir des bordels, cette fois de manière totalement légale.

Dans la catégorie des papys proxénètes, citons aussi le cas de l'américain **Dennis Hof**. Né en 1946 à Phoenix dans l'Arizona, il devient d'abord gérant de stations-service en Arizona et dans le Nevada.

En 1992, il rachète et rénove « *The Moonlite BunnyRanch* », un bordel situé à 10km de Carson City, dans le Nevada. La création de cette maison de passes remonte à 1955 et elle va conduire discrètement ses activités prostitutionnelles jusqu'en 1971, date à laquelle l'État du Nevada y donna un cadre légal. Dennis Hof est d'abord un client régulier de l'établissement, puis voyant l'opportunité de le racheter pour sept cent mille dollars, il en fait l'acquisition et refait tous les décors intérieurs et facilités pour cinq cent mille dollars de plus.

Sous l'impulsion de Hof, l'affaire prospère et attire des personnalités diverses dont le Gouverneur du Minnesota, un ancien catcheur du nom de Jesse Ventura.

En 2002, le ranch est l'objet d'une série sur la chaîne HBO dans la série documentaire *America Undercover*, sous forme de shows intitulés *Cathouse*. Cette série, qui va s'étaler jusqu'en 2007 est un grand succès et contribue à doper la notoriété de Hof, qui a maintenant dépassé la soixantaine.

En 2008 et 2012, il soutient le candidat Ron Paul aux élections présidentielles puis concoure à des élections locales dans le Nevada, en s'associant au camp républicain avec des fortunes diverses.

En 2009, l'accès au ranch est facilité par le département Transports du Nevada, qui construit une route le reliant directement à l'autoroute U.S. 50, qui relie la Californie au Maryland.

Peu de temps après Hof rachète un autre bordel à proximité, le « *Madame Kitty's Fantasy Ranch* » et le rebaptise d'abord le « *BunnyRanch Two* », puis « *The Love Ranch* » en 2008.

En 2016 et 2017, Hof a été mis en cause par d'anciennes employées de ses ranchs pour les avoir violées et abusées sexuellement, mais il s'en tire sans poursuites judiciaires.

En 2018, il est de nouveau candidat aux élections primaires en 2018 dans le Nevada, meurt deux jours après son 72ème anniversaire et tellement proche du jour de l'élection, qu'il est déclaré vainqueur à titre posthume sur son concurrent démocrate.

23. MOYEN NUMÉRO VINGT TROIS: PROPHÉTISER, FAIRE LE BIEN

Le 26 août 1910 à Skopje en Macédoine, naît Anjezë Gonxhe Bojaxhiu, qui va acquérir beaucoup plus tard une notoriété mondiale comme religieuse sous le nom de **Mère Teresa.** Pendant l'enfance, ses parents l'appellent Gonxha Agnès.

Sa famille est albanaise, chrétienne et pratiquant le catholicisme, aussi la jeune fille reçoit sa première communion à cinq ans et demi et sa confirmation l'année d'après.

Son père, entrepreneur et commerçant, meurt soudainement par suite d'un malaise quand elle a neuf ans, évènement tragique qui plonge la famille dans des difficultés financières.

La mère de famille, Drane, affronte cette situation difficile en ouvrant un atelier de couture et parvient à élever dignement ses enfants en combinant amour et fermeté. La petite Gonxha Agnès sort renforcée dans sa vocation religieuse de cette atmosphère familiale pieuse et digne, d'autant plus qu'elle s'engage activement durant cette période au sein de la paroisse jésuite locale du Sacré Cœur.

Dès l'âge de douze ans, elle pense se consacrer à Dieu, et après un pèlerinage au sanctuaire marial de Letnica, situé dans la montagne noire de Skopje, sa vocation se confirme pleinement.

À dix-huit ans, en 1928, elle quitte le domicile familial et quitte sa terre natale pour rentrer au sein de l'Institut de la Bienheureuse Vierge Marie, dit aussi Sœurs de Lorette, en Irlande, près de Dublin, où elle va apprendre l'anglais.

Dès la fin de l'année 1928, elle part en Inde, à Calcutta pour y faire son noviciat. Voyant la misère qui y règne, elle déclare : « Si les gens de nos pays voyaient ces spectacles, ils cesseraient de se plaindre de leurs petits ennuis ».

Elle rejoint ensuite la ville de Darjeeling pour poursuivre son noviciat. A l'issue de celui-ci, en 1929, elle prend l'habit religieux, se prépare à devenir enseignante, puis prononce ses vœux temporaires en mai 1931 en adoptant le nom de sœur Mary Teresa, en allusion à la protection demandée à Sainte Thérèse de Lisieux, canonisée en mai 1925 par le pape Pie XI.

De 1931 à 1937, sœur Teresa est enseignante à Calcutta et ses élèves la surnomment rapidement "Ma" ce qui veut dire mère. Dès lors son surnom de Mère Teresa ne la quittera plus. Ses vœux définitifs sont prononcés en 1937, devenant ainsi « l'épouse de Jésus pour toute l'éternité », et en 1944, elle devient directrice des études à Sainte-Marie, une école plutôt dédiée aux classes sociales supérieures de Calcutta.

Elle passe cependant beaucoup de temps dans les bidonvilles de Calcutta pour venir en aide aux malades et pour visiter ceux qui sont déjà hospitalisés.

C'est en septembre 1946, dans un train reliant Calcutta à Darjeeling, et alors qu'elle cherche vainement le sommeil, qu'elle reçoit un appel direct de Dieu. A ce propos, elle a déclaré : « soudain, j'entendis avec certitude la voix de Dieu. Le message était clair : je devais sortir du couvent et aider les pauvres en vivant avec eux. C'était un ordre, un devoir, une certitude. Je savais ce que je devais faire, mais je ne savais pas comment ».

Mère Teresa garde le silence sur cette expérience mystique et se convainc de fonder un nouvel ordre religieux.

En 1950, elle fonde à Calcutta la congrégation des Missionnaires de la Charité, au sein de laquelle les sœurs s'habillent en sari pour mieux s'intégrer au sein des populations indiennes. Mère Teresa adopte alors son fameux sari blanc bordé de bleu, qui l'accompagnera sa vie durant.

La congrégation se met au service des plus pauvres d'entre les pauvres et va essaimer dans d'autres régions de l'Inde. L'amitié qui lie Mère Teresa au Premier Ministre du Bengale va permettre à la religieuse de trouver les introductions et les aides financières nécessaires à cette extension.

En 1959, Mère Teresa étend son action à Ranchi, puis à New Delhi, en présence du Premier ministre Nehru.

Puis en 1965, grâce à une autorisation accordée par le pape Paul VI, la congrégation s'étend aussi rapidement sur d'autres continents, notamment en Amérique latine. Le succès de ce développement se concrétise lorsqu'en

1979, le prix Nobel de la Paix est décerné à Mère Teresa, alors âgée de 69 ans.

Sa notoriété est alors acquise auprès du grand public sur la scène internationale. Juste après, Dominique Lapierre, auteur avec l'américain Larry Collins de *Paris Brûle-t-il ?* débarque avec son épouse à Calcutta chez Mère Teresa. Il lui fait un don de 50 000 dollars en disant : « c'est une goutte d'eau dans l'océan » et Mère Teresa lui répond : « Oui, mais sans elles, l'océan ne serait pas l'océan ».

En 1985, Dominique Lapierre publie son best-seller *La Cité de la Joie*, qui va se vendre à douze millions d'exemplaires et qui contribue à mettre en exergue le rôle et le dévouement des religieux, notamment de Gaston Grandjean, qui assistent les déshérités des bidonvilles de Calcutta.

La même année, elle est distinguée par le Président américain Ronald Reagan, puis crée à New York le premier foyer pour les victimes du sida, qui vient d'apparaître au sein de la communauté gay.

Mère Teresa, qui a toujours été de santé fragile, fait une crise cardiaque en 1989 et se trouve obligée de renoncer à sa charge de supérieure des Missionnaires de la Charité.

En 1997, la communauté religieuse créée par Mère Teresa regroupe 4000 sœurs, établies dans 610 fondations réparties dans 123 pays du monde.

Cette même année, elle rencontre le pape Jean-Paul II pour la dernière fois et rentre à Calcutta où elle meurt quelques semaines plus tard à l'âge de 87 ans.

Par-delà sa mort, son parcours terrestre n'est cependant pas complètement terminé, si l'on peut dire, puisqu'elle est béatifiée le 19 octobre 2003 par le pape Jean-Paul II et canonisée le 4 septembre 2016 par le pape François.

Madeleine Cinquin voit le jour à Bruxelles en Belgique le 16 novembre 1908. C'est beaucoup plus tard, sous son nom de religieuse, **Sœur Emmanuelle**, qu'elle va connaître la popularité grâce à son action au service des pauvres.

Si sa mère est belge, son père est français et ses parents tiennent un commerce de confection de lingerie fine dans la région de Saint Omer. Elle est la deuxième de trois enfants. Tout se passe bien tranquillement jusqu'au jour de ses six ans ou elle voit son père se noyer sous ses yeux sur la plage d'Ostende où il est allé nager dans la mer.

Outre la très grande douleur de perdre son père si tragiquement, elle ressent la fragilité de l'existence et dira plus tard que sa vocation religieuse est née ce jour-là.

Sous l'égide de sa mère qui l'élève seul, mais dont elle dira plus tard qu'elle était : « une maîtresse femme, une lutteuse », la jeune Madeleine développe à son tour une force de caractère marquée du sceau de l'épreuve. Elle a beaucoup de vitalité, une véritable soif de vivre et elle est d'un tempérament frondeur et rebelle.

À dix ans, l'amour de Dieu devient une évidence pour elle, et à 18 ans, alors que le temps est venu pour elle de courir les garçons et de se rendre aux invitations au bal, comme sa mère l'y incite, elle voudrait être sainte et missionnaire.

Sa famille qui la connaît joyeuse et toujours prompte à s'amuser, est consternée par cette fille éternellement frondeuse et qu'on voit mal passer son existence au couvent.

Madeleine n'a que faire de leurs avis et entre à 21 ans dans l'ordre de Notre-Dame de Sion, une congrégation enseignante et semi-cloîtrée, fondée par Alphonse de Ratisbonne en 1843. Elle prononce ses vœux le 10 mai 1931 et adopte à ce moment-là le nom de sœur Emmanuelle, qui signifie « Dieu avec nous » en hébreu.

Elle obtient un diplôme de sciences philosophiques et religieuses et enseigne successivement en Turquie sur une période 1932 à 1963, entrecoupée d'une période en Tunisie entre 1954 et 1959.

Puis, elle part en Égypte en 1964 où elle enseigne à Alexandrie auprès de fils de bonne famille, ce qui ne lui convient pas. Elle décide alors, en 1965, de prendre en charge une petite école destinée aux pauvres et part elle-même s'installer dans une famille pauvre pour partager leurs misérables conditions d'existence.

De ce passage au pays des pyramides, elle adoptera la formule « Yalla » qui veut dire « En avant » en arabe et qui deviendra une de ses expressions favorites et le titre de l'un de ses livres publiés en 1999 *Yalla, en avant les jeunes*.

À 62 ans, à l'âge de la retraite, la voilà maintenant partie au Caire, à Ezbet-El-

Nakhl, un bidonville où vivent les chiffonniers qui travaillent à la collecte des ordures et qu'on surnomme les *zabbalines*.

Elle va partager leurs existences pendant 22 ans. En 1985, elle fonde l'association *Agir, Soutenir, Mobiliser pour l'Avenir des Enfants*, l'ASMAE, qui est entièrement laïque et vient en aide quelle que soit leur croyance aux enfants démunis, notamment pour l'accès aux soins et l'éducation.

À ce jour, l'ASMAE est localisée dans huit pays, dont la France, vient en aide à 39 000 bénéficiaires au travers de 24 projets, et grâce à plus de 23 000 donateurs. Désormais on la surnomme « la petite sœur des pauvres ».

Féministe avant l'heure, elle dira un jour « Éduquer un homme, c'est éduquer un individu; éduquer une femme, c'est éduquer un peuple ».

En 1991, le Président égyptien Moubarak lui remet la nationalité égyptienne, en hommage à son œuvre dans ce pays et pour célébrer les « noces de diamant » de sa vie religieuse.

Dans les années 1990, elle gagne beaucoup en popularité en France en participant à l'émission TV *La Marche du Siècle* de Jean-Marie Cavada, dans laquelle elle tutoie sans distinction, hommes politiques et journalistes.

En 1995, elle inspire, avec Geneviève de Gaulle-Anthonioz, le thème de la fracture sociale et de l'exclusion qui va orienter la campagne présidentielle de Jacques Chirac. Ce dernier lui remettra la cravate de Commandeur de la Légion d'Honneur en 2002, puis elle sera élevée à la dignité de Grand Officier par Nicolas Sarkozy en 2008.

Sœur Emmanuelle meurt en octobre 2008 à l'âge de 99 ans, alors qu'elle s'était retirée dans le Var à Notre-Dame de Sion à Callian.

La Belgique dont elle était native lui rend aussi hommage. Déjà faite Grand Officier de l'Ordre de la Couronne en 2005, le roi

Albert II des Belges assiste à la messe de requiem en sa mémoire à la cathédrale Saints-Michel-et-Gudule de Bruxelles.

Il est possible qu'un procès en béatification s'ouvre à l'avenir la concernant.

Mohandas Karamchand Gandhi naît le 2 octobre 1869 à Porbandar dans le Gujarat en Inde. Il est le cadet de la quatrième épouse de son père. Ce dernier est juriste et un officiel gouvernemental appartenant à une caste marchande. A cette époque, l'Inde est une colonie britannique soumise aux lois anglaises.

Gandhi perd son père jeune et dès l'âge de 13 ans, conformément aux traditions familiales de l'époque, il est marié à une fille de son âge, Kasturba. Elle va lui donner quatre fils. En 1888, Gandhi part en Angleterre, à Londres, pour suivre des études de droit durant trois ans et il s'avère être un étudiant studieux et adepte d'un style de vie modeste.

Il aime la littérature et la philosophie et s'intéresse notamment à Léon Tolstoï, John Ruskin ou Henry David Thoreau. Il devient avocat au barreau en 1891 et intègre un court moment la Haute Cour de Justice de Londres. Reparti en Inde, à Bombay, il échoue à exercer son métier de juriste par méconnaissance des lois indiennes et finit par revenir à la case départ, à Porbandar.

Une opportunité de travail se présente heureusement pour lui assez vite, qui l'oblige à partir en Afrique du Sud, à Durban. Alors qu'il prend le train pour Pretoria lors d'un déplacement d'affaires, il voyage en première classe sur un billet régulièrement acheté et découvre le racisme lorsqu'un voyageur blanc, aidé des contrôleurs et de la police du train, l'oblige à déguerpir manu-militari du train. Cet épisode le marque à vie, d'autant que le jour d'après un incident de même nature lui arrive dans une diligence qu'il prend pour aller à Johannesburg. Plus tard encore, il est agressé par un policier en faction pour la simple raison d'être dans la rue, après neuf heures du soir.

Ces divers incidents éveillent un goût d'agir contre l'oppression envers les Indiens en Afrique du Sud, d'autant que des lois discriminatoires envers eux sont adoptées en 1894 et 1895. De fil en aiguille, Gandhi devient un leader politique représentatif de la communauté indienne en Afrique du Sud, notamment dans la province côtière de Natal, à partir de 1896. Il a alors 27 ans. Faisant du prosélytisme de cette cause jusque dans son pays natal, l'Inde, Gandhi commence à indisposer les autorités britanniques, en particulier à cause d'articles, interviews ou meetings dont il est l'auteur et qui défendent la cause indienne en Afrique du Sud.

Ses écrits, déformés et exagérés, se popularisent sous le nom de *Green Pamphlet* et inquiètent la communauté européenne. Lors d'une quarantaine au port de Durban du voilier dans lequel est Gandhi, des membres de cette communauté menacent de noyer tous les passagers du navire. Gandhi refusera cependant de témoigner contre les assaillants.

En 1899, pendant la seconde guerre des Boers, Gandhi soutient les Boers qui se battent pour leur indépendance, tout en recommandant à la communauté indienne de soutenir les autorités britanniques. Il aide à la constitution d'un corps d'ambulanciers de 1100 volontaires.

Gandhi est influencé par ses lectures de livres religieux, qui l'incitent à suivre et pratiquer des concepts de non-possession, d'égalité et de vie communautaire. Il devient adepte de l'abstention sexuelle (*Brahmacharya* en indien), sans doute influencé sur ce point par John Ruskin, dont le mariage avec sa compagne Effie Gray fut annulé pour non-consommation.

Gandhi devient aussi végétarien, ne consommant pratiquement plus que des fruits secs et frais, tout ceci venant supporter le concept appelé *Satyagraha*, qui est une voie de purification de sa vie et de résistance passive fondée sur la force vraie.

Gandhi met en œuvre cette stratégie de non-violence à partir de 1907, pour s'opposer à une loi (Black Act) sur l'enregistrement des asiatiques en Afrique du Sud.

Gandhi est arrêté et emprisonné à plusieurs reprises en demandant le retrait ou l'amendement de cette loi, puis fin 1913, on le retrouve à la tête d'une manifestation entre la colonie du Natal et le Transvaal pour protester contre une loi sur les immigrants (Immigrants Regulation Act of 1913). Cette marche marquera une étape dans l'histoire de l'Afrique du Sud.

Après avoir passé plus de vingt ans en Afrique du Sud à lutter contre les discriminations, Gandhi retourne en Inde, en 1914, non sans avoir fait un détour en Angleterre pour constituer un nouveau corps indien d'ambulanciers et aider l'armée britannique engagée dans la première guerre mondiale.

En avril 1919, les troupes indiennes sous commandement britannique ouvrent le feu sur des manifestants incluant femmes et enfants dans un jardin d'Amritsar, dans le Punjab. Le massacre fait entre 400 et 1500 morts selon diverses estimations. La réponse de Gandhi est très mesurée et il appelle au calme et à la non-violence, ce qui lui vaudra la haine d'extrémistes Sikhs et Hindous.

À son retour en Inde, Gandhi gagne son titre honoraire de Mahatma, qui signifie grande âme « *Great Soul* », du fait que des millions de paysans indiens le considèrent comme un véritable saint.

Gandhi rejoint le Congrès National Indien, parti plutôt modéré, dont il prend le contrôle en 1920.

En janvier 1930, le Congrès National Indien proclame l'indépendance de l'Inde, déclaration non reconnue par les Britanniques qui s'engagent alors dans une négociation. En mars de la même année, Gandhi lance une marche non violente contre une taxe anglaise sur le sel. Cette marche, qui va durer un mois sur près de

400 kilomètres, va rendre Gandhi très populaire au-delà de l'Inde elle-même, drainant des foules énormes tout au long de son parcours. Gandhi a alors 61 ans.

En réponse à cette marche du sel, les autorités britanniques vont emprisonner entre 60 000 et 90 000 personnes, mais finalement en 1931, le gouvernement britannique libère tous les détenus et signe le *Gandhi-Irwin Pact*, qui invite Gandhi à des négociations officielles à Londres et comme seul représentant du Congrès National Indien.

Les négociations capotent et font même de Gandhi un ennemi personnel de Winston Churchill qui le considère comme une des pires menaces de l'empire britannique, allant jusqu'à le surnommer le Mussolini indien.

En 1934, Gandhi démissionne du Congrès National et reprend une activité politique deux ans plus tard, en 1936 sous la présidence Nehru.

Durant la seconde guerre mondiale, Gandhi s'oppose à toute participation indienne au conflit, ce qui le conduit une nouvelle fois à être emprisonné. Gandhi considère en effet que l'Inde n'a pas à se battre pour la défense d'idéaux démocratiques, alors que ces mêmes idéaux sont refusés à la nation indienne.

En dépit des positions de Gandhi, près de deux millions et demi d'indiens se battront sous les couleurs du drapeau britannique durant ce conflit mondial.

En 1942, à 73 ans, Gandhi appelle à la non-coopération avec l'empire britannique, mais aussi à toute non-violence envers les sujets britanniques, même si ces derniers se rendent coupables d'actes de violence.

En 1944, Gandhi, alors de nouveau en prison, est victime d'une attaque de malaria. Il est libéré pour raisons de santé et il s'engage alors dans la ligue indienne musulmane « *The Muslim League* », dans le but d'unir musulmans et non musulmans en Inde.

À la fin de la seconde guerre mondiale, Gandhi refuse une partition de l'Inde selon des fractures religieuses et demande le départ des Anglais de l'Inde. La ligue musulmane est en divergence sur la partition et réclame la formation d'États musulmans et non-musulmans.

Une journée d'action en 1946 se traduit par de nouveaux massacres de milliers d'Hindous et de musulmans

En août 1947, Gandhi et le leader musulman Muhammad Jinnah trouvent un terrain d'entente avec les Britanniques, représentés par Lord Mountbatten, sur un principe d'indépendance de l'Inde, mais les deux leaders restent divisés sur la partition religieuse conduisant à la sécession du Pakistan, partition qui fera plus de 500 000 morts dans des émeutes religieuses.

Le 30 janvier 1948 à New-Delhi, alors que Gandhi est sur le chemin d'aller à un rassemblement de prières, il est abattu de trois balles de pistolet par un extrémiste nationaliste hindou. Plus d'un million de personnes assistent à ses funérailles. Gandhi meurt à l'âge de 78 ans et reste un monument de l'histoire indienne et mondiale du XXème siècle.

Pour clore ce chapitre, parlons de **Moïse,** dont nul, croyant ou non-croyant, ne peut apporter la preuve de son existence réelle. Si l'on en reste au texte biblique, c'est lorsque Moïse atteint l'âge de 80 ans, que Dieu se révèle à lui dans un buisson ardent et lui assigne sa mission et de conduire les «Enfants d'Israël» hors d'Égypte pour les libérer de l'esclavage.

Moïse meurt à 120 ans.

24. MOYEN NUMÉRO VINGT QUATRE: SOUFFLER LES BOUGIES

Ce moyen numéro vingt quatre aurait pu s'agréger au moyen numéro quinze, défier les lois naturelles. Toutefois il s'en détache par son extrême rareté, au vu des deux exemples ci-après:

Jeanne Louise Calment naît le 21 février 1875 à Arles, rue du Roure. À cette époque l'espérance de vie d'une femme ne dépasse pas quarante-cinq ans.

Son père, Nicolas est charpentier de marine et sa mère issue d'une famille de meuniers.

Elle a un frère aîné qui mourra à l'âge de 97 ans.

Comme sa famille est plutôt aisée, elle a la chance pour cette époque de pouvoir aller á l'école jusqu'à ses seize ans. Elle suit aussi des cours de cuisine, d'art décoratif et de danse. Elle obtient son brevet.

À 13 ans, elle rencontre Vincent Van Gogh, qui vient acheter de la toile pour ses peintures dans la boutique familiale. Elle dira plus tard de lui qu'il était aussi laid qu'un pou, plus intéressé à boire qu'à peindre et que les prostituées, bien qu'effrayées par son physique, l'aimaient bien car il les payait bien. Elle le surnomme le dingo, avec un visage ravagé par l'alcool.

Elle se marie en 1896 avec un cousin germain, Fernand Calment, âgé de 27 ans et qui est un riche marchand drapier ; ils emménagent rue Gambetta, à Arles, dans un appartement situé au-dessus de leur magasin et tout simplement appelé « Grand magasin Calment ». Ils ont bientôt une fille prénommée Yvonne, en 1898, et qui sera l'unique enfant de Jeanne. Jeanne commence l'usage de la cigarette, entraînée par son mari. Jeanne restera fidèle à Fernand sa vie durant.

Son père meurt en janvier 1931, et sa fille Yvonne en 1934, à l'âge de 36 ans, des suites d'une tuberculose.

Elle découvre la tour Eiffel à Paris à 67 ans, lors d'une visite à Paris.

En 1942, son mari meurt à son tour d'une indigestion de cerises gâtées par un produit chimique. Jeanne va lui survivre 55 ans.

En 1965, Jeanne Calment vend son appartement en viager à un notaire âgé de 45 ans, un dénommé André-François Raffray, pour 2,500 francs mensuels. Ce dernier flaire la bonne affaire puisque la vendeuse est alors âgée de 90 ans et de plus fumeuse de cigarettes, habitude qu'elle gardera presque sa vie durant.

La bonne affaire est en réalité la pire qu'il pouvait conclure, puisqu'en 1995 Raffray décède après avoir déjà acquitté le double de la valeur commerciale du bien. Mais ce n'est pas fini, car ce sont les héritiers de Raffray qui doivent prendre le relais et qui vont devoir acquitter le viager dû à Jeanne Calment durant 32 années supplémentaires !

Quel est donc le secret d'une telle longévité ? Bien sûr, outre le fait de la génétique, tout d'abord elle n'a jamais été obligée de travailler sa vie durant et elle a même bénéficié d'aide à domicile pour exécuter certaines tâches ménagères. Elle a une vie sociale riche et bien remplie et assiste à de nombreux bals, car elle aime danser.

Son régime est loin d'être exemplaire. Outre la cigarette, elle aime la bonne chère, le vin, la viande, les gâteaux, mais le tout avec modération cependant. Elle consomme régulièrement de l'huile d'olive, saute les petits-déjeuners, elle dort bien et fait la sieste. Elle aime les activités sportives, commence l'escrime à 85 ans, et fera du vélo jusqu'à l'âge de 100 ans.

Elle médite, prie, se rend à l'église régulièrement et se passe de chauffage l'hiver. Elle ne prend jamais de médicaments.

Durant l'hiver 1985, il fait très froid à Arles et Jeanne Calment alors âgée de 110 ans, se retire dans la maison de retraite du Lac.

L'année suivante, en 1986, Jeanne Calment ravit le titre de nouvelle doyenne des Français, au décès du tenant du titre, un dénommé Eugénie Roux. Elle fait alors ses premières apparitions à la télévision.

C'est surtout à partir de 1988 que sa notoriété va devenir internationale. Elle est d'abord invitée à rencontrer des journalistes à l'occasion du centenaire de la visite de Vincent Van Gogh à Arles.

En 1989, elle commence à devenir un phénomène de longévité et fait l'objet d'une attention médiatique continuelle. Elle apparaît dans le film *Vincent et moi* de Michael Rubbio en 1990, dans son propre rôle en relation avec Vincent Van Gogh.

En 1991, elle devient doyenne de l'humanité et entre définitivement en 1993 dans le *Guinness des records* comme personne la plus âgée dans le monde.

En octobre 1995, Jeanne Calment qui a désormais 120 ans et 238 jours, bât tous les records de longévité jamais enregistrés, tant chez les hommes que chez les femmes. En 1996, elle enregistre un CD et évoque le rap.

Le 4 août 1997, la grande faucheuse se présente enfin et emporte Jeanne à l'âge de 122 ans, 5 mois et 14 jours, alors que plusieurs études scientifiques montrent qu'une sorte de plafond de verre existe en matière de longévité humaine, aux environs de 116 ans pour les femmes.

À sa mort, les hommages pleuvent tant du Maire d'Arles, Michel Vauzelle, que du Président de la République Française, Jacques Chirac, et de son Premier Ministre de cohabitation, Lionel Jospin.

Ses obsèques ont lieu dans la plus stricte intimité au cimetière d'Arles.

Côté masculin, il faut se tourner vers le Japon, ce qui ne surprendra personne compte tenu de la pyramide des âges très particulière de ce pays.

Jiroemon Kimura voit le jour en avril 1897 à Kyoto, la même année que l'incendie du Bazar de la Charité à Paris, qui va faire 125 morts dont une majorité de femmes de la haute aristocratie parisienne.

Au début des années 1900, il suit des études primaires qu'il termine à 14 ans, puis trouve un emploi de télégraphe dans un bureau de poste de Nakahama, une localité proche de Kyoto.

Il va désormais travailler toute sa vie durant dans un bureau de poste jusqu'à l'âge de la retraite, puis va aider son fils, fermier, jusqu'à ses 90 ans.

Il a quelques interruptions dans cette longue carrière dédiée à l'activité postale, notamment durant la première guerre mondiale, durant laquelle il sert au sein d'une unité de l'armée impériale japonaise en charge des communications militaires. Il part aussi un court moment en Corée en 1920, puis se marie la même année avec sa voisine Yae Kimura avec laquelle il restera fidèle sa vie durant. Elle lui donnera six fils et deux filles.

Jiroemon survit au tremblement de terre de 1927 qui frappe Tokyo et sa région et qui fera plusieurs milliers de morts. Il fera état de ce fait dans un communiqué qu'il publie à l'occasion de ses 114 ans, en 2011.

Une fois en retraite, il aide son fils dans des travaux agricoles et dans les projets entrepreneuriaux de ce dernier.

Son mode de vie est spartiate et discipliné : il se réveille à l'aube, mange peu souvent et de petites portions. Il lit quotidiennement les journaux et aime écouter les débats parlementaires à la télévision. Apparemment ce style de vie lui convient puisque Kimura n'est jamais malade, même si sa vue baisse.

En 2012, le Guinness World Records délivre un certificat à Kimura de supercentenaire vérifié, et en 2013, le même Guinness le reconnaît comme l'homme le plus âgé du monde et doyen de l'humanité.

En 2016, Kimura décède d'une pneumonie à l'âge de 116 ans et 54 jours. Il est le premier homme à avoir pu officiellement souhaiter son 116ème anniversaire. Il aura traversé l'intégralité du XXème siècle et ses nombreuses convulsions, y compris celles impliquant son pays lors de la deuxième guerre mondiale, sans que la tranquillité de sa paisible existence n'en soit affectée.

Lors de son 116ème anniversaire, le Premier ministre du Japon alors en poste, Shinzö Abe, qui sera assassiné en 2022, lui envoie un message vidéo de félicitations.

Interrogé par un journaliste de Bloomberg sur sa longévité, il rétorque : « Je mange la lumière pour vivre vieux ».

Durant sa longue existence, Jiroemon aura eu le temps d'avoir huit enfants, 14 petits-enfants, 25 arrière-petits-enfants et 13 arrière- arrière-petits-enfants.

25. MOYEN NUMÉRO VINGT CINQ: FAIRE SAUTER LA BANQUE

Un gros gagnant d'une loterie a déclaré un jour: "gagner, ce n'est seulement qu'une question de temps". Le hasard et la fortune étant aveugle, selon le proverbe, il arrive qu'elle vous tombe dessus alors qu'on n'y croyait plus et qu'on est à l'automne ou à l'hiver de sa vie. Après tout peu importe et mieux vaut tard que jamais. Mais quand le gain est énorme, difficile de rester anonyme!

Theodore Struyck, dit « Théo », avait une chance sur 292 millions de gagner un jackpot au *Power Ball* américain, l'une des loteries nationales les plus populaires et sans limite de plafond.

Et peut-être encore moins de chance de décrocher ce jour-là l'un des plus gros jackpots de cette loterie, à savoir un milliard sept cent soixante-cinq millions de dollars.

En principe, lorsqu'un joueur gagne un tel montant, il n'a qu'une obsession en tête, préserver son anonymat, ne serait-ce que pour des raisons de sécurité.

Mais voilà, Théo a joué en Californie et la loi californienne ne permet pas de réclamer son prix en restant anonyme, ce qui a obligé Théo à sortir de l'ombre. On a ainsi appris qu'il adorait les enfants, était très apprécié de ses voisins, qu'il avait acheté son ticket gagnant dans une épicerie locale où il se rend régulièrement et qu'il un petit bateau lui permettant de s'adonner à son passe-temps favori, la pêche.

En tous cas, pour lui la pêche au gros vient d'être miraculeuse ! Et gagner une telle somme à 65 ans, c'est la promesse d'une retraite qui s'annonce comme la naissance d'une nouvelle vie.

Gloria Mackenzie est âgée de 84 ans lorsqu'elle gagne 590,5 millions de dollars le 18 mai 2013 au *Powerball,* l'autre des deux grandes loteries américaines avec le *Mega Millions.*

Elle devient alors la plus grosse gagnante de cet âge dans tous les États-Unis.

Mariée en 1951, elle vivait avant son gain dans une caravane près de la ville de Paco en Floride et grâce aux pensions de la sécurité sociale.

Les jeux de hasard étant taxés aux États-Unis, il ne lui « reste » que 278 millions de dollars après impôts. Basée en Floride, la vieille dame achète le ticket gagnant alors qu'une personne a accepté de la laisser passer devant elle, dans la queue.

Elle partage son fabuleux gain avec son fils Scott, assistant manager dans une boutique de chaussures, et qui prétendra par la suite lui avoir payé la moitié du ticket, soit cinq dollars.

Elle achète une maison d'environ 1500 mètres carrés d'une valeur d'un peu plus d'un million de dollars et dont elle fait sa fille l'héritière. Alors qu'elle pourrait s'offrir une armée de serviteurs, elle préfère se reposer sur les bons soins de sa famille et notamment sur les épaules de son fils.

Comme Gloria ne sait pas trop comment gérer ce pactole, elle donne mandat à son fils de s'en occuper et ce dernier lui jure de prendre soin d'elle jusqu'à la fin de ses jours.

Le problème c'est que le fils n'a pas tellement plus d'idées que sa mère sur quoi faire de la montagne de dollars et il se repose alors sur les bons conseils d'un conseiller fiscal, Harry « Hank » Madden, qui prodigue chaque samedi matin ses recommandations fiscales sur une radio locale.

Ce faisant Scott commet une grave erreur en ne se reposant pas sur les avis d'un cabinet fiscal de réputation nationale, voire internationale, d'autant que Harry Madden n'a jamais eu l'occasion de gérer de tels montants et qu'il avait été précédemment licencié d'une firme d'investissements pour manipulation de fonds.

Le conseiller et le fils, au lieu de privilégier des investissements qui rapportent vont gaspiller les fonds en investissant dans des opérations et des trusts sans intérêt. Le «conseiller» facture en sus deux millions de dollars de frais à la vieille dame, sans aucune justification.

Comme le fils a un mandat de gestion de sa mère il peut agir à sa guise et il ira même jusqu'à l'éjecter de l'habitation qu'ils partageaient au motif qu'il n'avait plus la capacité de s'occuper de sa mère. Cette dernière part alors vivre à Jacksonville avec un autre de ses enfants.

À 90 ans, Gloria Mackenzie intente alors un procès contre son fils Scott pour négligence, information incorrecte et manquement à l'obligation fiduciaire. Elle se plaint également que son fils en a profité pour s'enrichir sur son dos et se livrer à un abus de faiblesse à son encontre.

Dans sa défense, le fils déclare qu'il s'est contenté seulement de mettre en relation sa mère avec Harry « Hank » Madden et qu'il n'est pas responsable de la suite. Quant à l'enrichissement personnel, il en revient aux cinq dollars qu'il a donné à sa mère pour acheter le ticket et qui lui permettait de revendiquer 50% du gain initial. Ce point n'a jamais vraiment été prouvé.

Le montant du gain aurait dû générer des dizaines de millions de dollars en intérêt s'il avait été correctement placé.

Gloria meurt en février 2021 dans sa maison sise au *Glen Kernan Country Club* en Floride, sans que le procès n'ait pu trouver une issue finale.

Dennis Banfield, dans la même « veine » que Gloria Mackenzie, mais de façon beaucoup plus heureuse, est un britannique.

Ayant effectué son service militaire en Hollande, en Allemagne et en Italie, il sert dans la Royal Air Force en Égypte.

Après cela, il travaille pendant 40 ans à la *South West Electricity Board* et vivre 57 ans dans la même petite maison qu'il partage à Bristol avec son épouse Shirley.

Cette dernière a travaillé une grande partie de sa vie comme fonctionnaire locale et assistante commerciale un peu avant sa retraite.

Dennis a 87 ans et Shirley 83 ans quand Dennis achète en 2018 un billet de loterie *Lucky Dip* dans un kiosque près de chez eux pour deux livres sterling, contre l'avis de sa femme, lassée de le voir toujours perdre. Le lendemain, en jetant un coup d'œil aux numéros gagnants dans un journal, elle dit à Dennis d'un ton détaché : « qui pourrait bien avoir de tels numéros ? » et Dennis de répondre: «Je les ai». Il dira aussi : « gagner, c'est seulement une question de temps ».

Le gain est considérable : 18 millions de livres sterling et Dennis devient le plus âgé des grands gagnants de Grande Bretagne. Dennis joue depuis le début dans le but de garantir une sécurité financière à ses deux filles.

Après le choc complet de la découverte du gain, son épouse Shirley a déclaré que le couple envisageait de remplacer leur vieille Nissan Micra trois portes par quelque chose d'un peu plus confortable, mais certainement pas par une Ferrari ou une Maserati.

Dennis souffrant d'une infection à la jambe qui l'a obligé à se faire hospitaliser assure qu'il aura peut-être besoin d'un chauffeur pour conduire leur voiture.

Shirley dit qu'elle et son mari partageront le jackpot avec leurs deux filles, Tina et Karen, respectivement âgées de 54 et 51 ans au moment du gain.

La passion de Dennis est de sculpter dans le bois des figurines de la Nativité pour la crèche de son église locale.

Sa dernière œuvre fut un berceau de 1,90m de long, 1m de hauteur et 1m de profondeur, destiné à la crèche de l'église de Winterbourne près de Bristol.

26. MOYEN NUMÉRO VINGT SIX: JOUER AU SOLITAIRE

Francis Charles Chichester naît le 17 septembre 1901 à Barnstaple dans le Devon en Angleterre. Il est le deuxième fils d'un pasteur anglican qui ne l'aime pas particulièrement. Il est myope et son enfance est sans joie. Cependant, dès son plus jeune âge, il se passionne déjà pour l'aviation et la navigation.

Durant la première guerre mondiale, il suit des études au *Marlborough College,* une école publique fondée en 1843 pour les enfants du clergé de l'Église anglicane.

À 18 ans il quitte l'Angleterre pour la Nouvelle Zélande où il exerce divers jobs comme mineur, vendeur et agent foncier, et finit par s'intéresser à l'aviation, tout en améliorant ses connaissances sur la navigation à voiles. Ses affaires périclitent alors sous l'effet de la Grande Dépression.

De retour en Angleterre, il fonde une compagnie aérienne dans laquelle il est lui-même pilote. À 30 ans, il réalise un premier vol en solitaire entre l'Europe et l'Australie, qui lui prend 40 jours pour couvrir les 21,000 miles séparant les deux destinations.

En 1931, il est le premier aviateur à voler seul au-dessus de la Mer de Tasmanie entre la Nouvelle Zélande et l'Australie, dans un de Havilland Gipsy Moth, un avion qu'il a équipé de flotteurs.

Durant la Seconde Guerre Mondiale, il rédige des manuels d'instruction à la navigation pour les pilotes de l'armée, qui ne nécessitent pas l'usage de cartes. A la fin de la guerre il fondera néanmoins une entreprise de cartographie qui marchera plutôt bien.

En 1958, Chichester a 57 ans et il déclare un cancer du poumon, que sa femme va traiter à sa façon, par un strict régime végétarien. Alors que les médecins souhaitaient lui enlever un poumon lui pronostiquant une espérance de vie de six mois, les fruits et légumes qu'il ingurgite quotidiennement font un miracle sur son corps et il entre en rémission.

En 1960, Chichester fait sa première traversée transatlantique en solitaire à bord du Gipsy Moth III. Il couvre le trajet Plymouth- New York en 40 jours, finit premier de cette transat anglaise et explique que cette course a fait partie du processus de guérison de son cancer.

En 1964, il termine second dans une nouvelle transat, juste derrière le français Éric Tabarly.

À 65 ans passés, il va réaliser l'exploit qui va définitivement le rendre célèbre dans le monde entier. Il embarque sur le *Gipsy Moth IV* pour un tour du monde en solitaire. Le Gipsy est normalement conçu pour un équipage de huit personnes.

Parti seul de Plymouth le 27 août 1966, il couvre 14,100 miles d'une traite pour arriver à Sydney en Australie. Il repart deux jours plus tard et revient sur Plymouth en passant par le cap Horn, couvrant cette fois 15,517 miles en seulement 119 jours, plus longue distance jamais réalisée en solitaire sur un petit voilier sans aucune escale, et aussi rapidement.

Ses principaux instruments de navigation sont un sextant et un chronomètre Rolex Oyster Perpetual. Au passage du cap Horn, il affronte des vents de 185km/h et des vagues de quinze mètres.

Son retour est triomphal et il devient un héros : pour l'accueillir, 250 000 personnes se sont massées sur les quais de Plymouth et 300 embarcations l'accompagnent sur les derniers miles. La Reine d'Angleterre Elisabeth II l'anoblit en mai 1967 avec une épée ayant appartenu à Sir Francis Drake, le faisant Commandeur de l'Ordre de l'Empire Britannique.

Désormais habilité à porter le titre de Sir, Francis Chichester reprend la barre et fait une dernière traversée solo entre la Guinée portugaise et le Nicaragua en janvier-février 1971.

Puis en 1972, il tente une nouvelle transat anglaise sur *Gipsy Moth IV* mais doit abandonner au large de l'Espagne. Le « crabe » l'a en effet rattrapé, son épouse désormais impuissante devant les progrès de la maladie, voit son mari emporté par le cancer du poumon en août 1972.

Chichester meurt auréolé de gloire à jamais et fera l'objet d'une chanson dédiée à sa mémoire par le groupe de rock band *Dire Straits,* intitulée « *single handed sailor* ».

Alejandra Rodriguez a remporté le titre Miss Univers Buenos Aires le 25 avril 2024 et souhaitait dans la foulée représenter l'Argentine lors de la prochaine édition internationale du concours, à l'automne

2024. Mais si elle a fait la une de la presse internationale à la suite de cette désignation, ce n'est pas tellement pour le titre lui-même, mais parce qu'Alejandra a 60 ans.

En dépit de son âge, elle est restée une très jolie femme avec une tête bien faite, puisqu'elle est avocate et journaliste de profession.

Sa participation au concours de Miss Univers a été rendue possible depuis que le comité d'organisation de cette prestigieuse compétition a récemment levé les limites d'âge qui prévalaient depuis 70 ans et qui obligeaient les candidates à être âgées entre 18 et 28 ans.

Alejandra a déclaré: «les femmes ne se réduisent pas à la seule beauté physique, mais à un autre spectre de valeurs». Elle s'enthousiasme à l'idée de représenter ce nouveau paradigme dans les concours de beauté.

Alejandra a été préférée lors de sa sélection à Buenos Aires à 34 autres prétendantes, dont les âges s'étendaient de 18 à 73 ans. Bien qu'ayant échoué à devenir *Argentina Miss Universe* en mai 2024, ayant été devancée par une concurrente de 29 ans, Alejandra Rodriguez s'est montrée belle joueuse et a déclaré : « mon parcours dans ce concours est la première étape d'un changement à venir dans les perceptions de la société. J'espère que ma participation marque un avant et après et peut être que le concept de beauté est en train de s'élargir ».

27. MOYEN NUMÉRO VINGT SEPT : ÊTRE L'INTIME D'UNE CÉLÉBRITÉ

Avec ce moyen, il s'agit d'emprunter la stratégie du coucou, c'est à dire de se mettre dans le nid d'un beaucoup plus célèbre que soi, et d'en tirer tout le profit, pour le meilleur ou pour le pire!

René Angélil, voit le jour au Canada le 16 janvier 1942.

Son père est originaire de Damas en Syrie et sa mère, Alice Sara est une canadienne d'origine syro-libanaise.

René entame une carrière de chanteur au début des années 1960 dans un trio canadien, *Les Baronets*, avec deux autres chanteurs québécois, Pierre Labelle et Jean Beaulne. Leur premier disque s'appelle « *Johanne* » et s'inscrit dans la vague yéyé de cette époque. Le succès du trio est plutôt au rendez-vous et ils se produisent un peu partout dans la province du Québec et surtout dans les bars et cabarets de Montréal.

Interprétant des titres des Beatles ou des hits de rock américains, les choses auraient pu continuer ainsi, mais en 1966 leur maison de disque fait faillite, puis le trio commence à se désagréger. Jean Beaulne quitte le trio en 1966, est remplacé en 1967 et le groupe devient *Les Nouveaux Baronets*.

En 1972, le groupe s'autodissout, René Angélil et Pierre Labelle devenant chacun gérant d'artistes ou imprésario. Tout au long des années 60, le trio s'est fait un nom, mais limité à « la Belle Province ».

De 1966 à 1972, René Angélil est en couple avec Denyse Duquette, avec laquelle il aura un fils, Patrick. Divorcé de Denyse en 1972, René se retrouve vite une nouvelle compagne, la chanteuse populaire Anne Renée, qu'il épouse en secondes noces et qui lui donnera un fils et une fille.

René s'essaye aussi un peu au cinéma où il joue quelques rôles dans des comédies, dont « *Après ski* » en 1971.

C'est aussi un amateur de poker et au fil des années, il va se professionnaliser dans cette discipline au point de se qualifier au championnat des séries en 2005.

Comme impresario, René Angélil commence à s'occuper de la chanteuse et actrice Ginette Raynault, dont le nom de scène est Ginette Reno. C'est une chanteuse de renom dont la production de disques est considérable et qui se produit dans les plus grandes salles de spectacle canadiennes et aussi à l'international.

Toutefois malgré une carrière en forme de success-story, Ginette Reno décide de se séparer de René Angélil, incitant ce dernier pendant un temps à quitter le métier d'imprésario.

En 1981, René Angélil, alors âgé de 39 ans, écoute un titre d'une jeune adolescente de treize ans, Céline Dion, dont le titre est « *Ce n'était qu'un rêve* », chanson écrite par sa mère et son frère. Le titre reçoit un succès immédiat au Québec et René Angélil est époustouflé par la beauté de cette jeune voix.

Il décide alors de s'occuper de la carrière de l'adolescente qui va enregistrer une série de chansons francophones, dont le titre

«D'amour ou d'amitié» en 1983 la lance en France. Elle a alors juste quinze ans.

En 1984, René prend également en charge la carrière de chanteuse de Claudette Dion, vingt ans plus âgés que sa sœur Céline.

En 1988, Céline Dion gagne le Concours Eurovision de la chanson à Dublin où elle représente la Suisse, devant 600 millions de téléspectateurs.

La carrière d'imprésario de René Angélil prend de l'étoffe dans les années 1980, puisqu'outre Céline Dion, il s'occupe, aussi de sa seconde épouse Anne Renée, puis d'artistes québécois comme Véronique Béliveau, Johnny Farago ou René Simard.

Céline qui a appris l'anglais enchaîne les succès et en 1990, son album anglophone *Unison* la propulse au rang des artistes pop qui s'imposent sur les marchés nord-américains et anglo-saxons.

Puis, alors qu'elle n'a pas encore la trentaine, deux albums, *Falling into You* en 1996 et *Let's Talk About Love* en 1997, s'écoulent à plus de 30 millions d'exemplaires chacun et intègrent la très courte liste des albums les plus vendus dans le monde.

Le 17 décembre 1994, alors que René Angélil à 52 ans, il se marie avec Céline Dion, 26 ans, dans la Basilique Notre-Dame de Montréal, mariage très médiatique déjà, pimenté par la différence d'âge entre les deux conjoints et la célébrité de Céline qui rejaillit sur René.

En 1997, Céline enregistre l'un de ses plus grands succès avec la chanson *My Heart Will Go On* illustrant le film *Titanic* de James Cameron.

À chaque succès de Céline, il y a derrière le travail et le soutien de celui qui est désormais son mari, René Angélil.

En 1999, René Angélil se fait traiter avec succès d'un cancer de la gorge.

En janvier 2001, Céline et René ont leur premier enfant René-Charles, obtenu par procréation médicale assistée (PMA). René, déjà père de trois enfants de ses deux précédentes épouses, se retrouve de nouveau papa à 59 ans.

Dans les années 2005 à 2007, René s'illustre dans les compétitions de poker, et la rumeur dit qu'il aurait misé un million de dollars par semaine au Caesars Palace de Las Vegas et un montant équivalent dans un autre casino de Vegas, le Bellagio.

En octobre 2010, nouvelle paternité à 68 ans, pour René, qui accueille avec Céline des jumeaux, Eddy et Nelson, également fruits d'une procréation médicalement assistée. Céline avait fait une fausse couche en 2009.

Le « crabe » rattrape René fin 2013, de nouveau à la gorge et il doit se faire retirer une tumeur à cet endroit. Un an plus tard, en 2014, René ne peut plus s'occuper de la carrière de Céline, pour raisons de santé. Le répit sera de courte durée, puisque René Angélil est finalement emporté par son cancer le 14 janvier 2016, à Las Vegas, à deux jours de son 74ème anniversaire.

Thomas Wayne Markle, naît le 18 juillet 1944 à Newport en Pennsylvanie, sur la côte est des États-Unis.

Dans les années 1970, Markle travaille comme directeur éclairagiste au sein d'une chaîne de télévision de Chicago, la WTTW. Son travail est récompensé en 1975, année où il est distingué d'un Emmy Awards local par The Chicago/Midwest Emmy Awards pour son design d'éclairagiste pour des séries TV.

En 1982, il est nominé lors des *Daytime Emmy Awards*, qui distingue les mérites artistiques et techniques au sein de l'industrie télévisuelle américaine.

En 1984, il supervise les éclairages des Jeux Olympiques de Los Angeles.

En 1986 et en 2001, il continue de recevoir des récompenses de ce type de la part de la profession pour son travail d'éclairagiste designer pour le compte de diverses séries TV.

Bref Thomas Markle est un excellent éclairagiste et designer, mais il serait resté parfaitement inconnu du grand public, hormis les professionnels de la télévision américaine, s'il n'était aussi le père de Rachel Meghan, née en août 1981, alors qu'il avait 37 ans.

Thomas se sépare de la mère de Meghan en 1983, divorce en 1987, et héberge sa fille à temps plein lorsqu'elle a neuf ans, laissant sa mère Doria se consacrer pleinement à sa carrière professionnelle.

Thomas paye l'éducation de sa fille du primaire à l'université, qu'elle termine à la Northwestern University, dans l'Illinois. Sa carrière d'actrice va s'en suivre, et elle commence à tourner dans des séries TV américaines. Elle se marie avec un producteur de film en 2011, dont elle divorce en 2014.

En 2016, Thomas s'avère incapable de régler une dette de trente mille dollars.

C'est en 2018, que le monde entier va entendre parler de Thomas Markle, alors qu'il est âgé de 74 ans.

Meghan, doit devenir Duchesse de Sussex par son mariage, au château de Windsor, avec le prince Harry, fils cadet du prince Charles et de Lady Diana Spencer.

Toute la presse internationale s'interroge pour savoir si le père de Meghan va venir assister à la cérémonie aux bras de sa fille, sachant qu'il n'est pas le bienvenu à Windsor.

En effet, quelques jours auparavant, la presse révèle qu'il a négocié des photos, en accord avec Meghan, pour gagner de l'argent en profitant de l'attention médiatique dont sa fille est l'objet.

Cette information déplaît à Buckingham Palace, même si plus tard Markle va expliquer que les photos ont été publiées sans son autorisation. Il engage des poursuites et réclame un million de dollars de dommages et intérêts à l'agence photo

Coleman-Rayner au tribunal de Los Angeles.

Par la suite, Thomas se fâche avec sa fille, expliquant que sans lui, elle n'était rien et ne serait jamais devenue duchesse de Sussex.

Thomas Markle n'assiste pas au mariage de sa fille, prétextant d'abord qu'il se remet d'une intervention chirurgicale au cœur, alors qu'il est sorti de l'hôpital deux jours avant la cérémonie.
Par la suite, il déclare n'avoir jamais reçu une invitation officielle.

Dans les années 2020 et suivantes, il alterne les procédures et les déclarations fracassantes contre sa fille et Harry, expliquant que Meghan n'a voulu devenir duchesse que pour l'argent et qu'elle et Harry ont déshonoré la Couronne Britannique et perdu leurs âmes.

Jamie Parnell Spears voit le jour à Kentwood en Louisiane en 1952. Son frère cadet de 5 ans, Austin, meurt trois jours après sa naissance, ce qui conduit sa mère au désespoir. Elle fait trois tentatives de suicide durant la petite enfance de Jamie, ce qui n'affectera cependant pas sa scolarité, qui se déroule sans histoire.

Malheureusement, quand il a 14 ans, sa mère se rend au cimetière où repose Austin, et se tire une balle en pleine poitrine sur la tombe de son fils.

Plus tard, à 17 ans, Jamie survit à un accident de voiture qui tue un membre de son équipe de foot qui était avec lui.

Au milieu des années 1970, Jamie travaille comme chaudronnier-soudeur, puis se lance dans la construction immobilière et construit à ce titre son propre centre de fitness avec spa. Plus tard, il possèdera un restaurant de fruits de mer appelé *Granny's*.

Après s'être marié une première fois avec Debbie Sanders Cross, Jamie se remarie avec Lynne Irene Bridges en 1976, mariage qui va durer 26 ans, même s'ils avaient envisagé un divorce dès 1980, compte tenu des problèmes d'alcoolisme de Jamie, contre lesquels il va se battre longtemps jusqu'à suivre une cure de désintoxication en 2004.

Cette union va leur apporter trois enfants : Bryan en 1977, Britney en 1981 et enfin Jamie Lynn en 1991.

Britney et sa mère Lynne vont ensemble aux auditions et shows à mesure que la carrière de la jeune chanteuse prend son essor. C'est surtout à la fin des années 1990 et début 2000 que Britney va devenir une véritable icône de la « teen pop music », vendant plus de 150 millions de titres dans le monde entier.

En 2008, Jamie Spears obtient la tutelle de sa fille Britney, âgée alors de 27 ans, sur la conduite de sa vie personnelle et de ses finances. Cette décision fut prise après une hospitalisation de la chanteuse pop pour troubles mentaux publics.

En effet, Britney commence à faire la une des tabloïds par certains comportements étranges au cours desquels on la voit notamment attaquer la voiture d'un photographe avec un parapluie.

Après sa séparation d'avec son mari, Kevin Federline, Britney commence en effet une descente aux enfers. Sa carrière est au point mort et sa vie n'est plus qu'une succession de scandales qui font le bonheur des paparazzis, sur fond de soirées arrosées, de toxicomanie, d'accidents de voitures et d'accoutrements bizarres, comme lorsqu'elle se rase totalement la tête devant les caméras en 2007.

Après plusieurs séjours dans des établissements psychiatriques, Britney perd la garde de ses deux fils nés de son union avec Federline, et la tutelle de Jamie sur sa fille, qui était jusque-là temporaire, devient permanente.

À partir de 2009, une démarche de fans de Britney s'organise sur Internet qui devient le « *Free Britney movement* » pour faire cesser la tutelle de son père sur Britney. Mais c'est réellement à partir de

2019 que ce mouvement va devenir largement connu et populaire et projeter Jamie à la fois sur la sellette et sous le projecteur des médias, alors qu'il a 67 ans.

Le mouvement en faveur de Britney reçoit de nombreux soutiens dont ceux de célébrités telles que Paris Hilton, Cher, Miley Cyrus, ainsi que d'organisations comme l'American Civil Liberties Union, qui regroupe près de deux millions de membres.

En août 2020, Jamie Spears qualifie le *#FreeBritney movement* de «plaisanterie, et ses organisateurs de «conspirationnistes».

Britney réplique par des recours contentieux pour changer les termes de la tutelle et de substituer son manager, Jodi Montgomery, à son père dans l'exercice de la tutelle.

La controverse juridique va se poursuivre jusqu'en novembre 2021, date à laquelle un juge met fin à cette tutelle, dont l'ex-mari de Britney, Kevin Federline, dira pourtant qu'il était 100% convaincu que cette tutelle avait sauvé la vie de Britney.

À partir de 2018, la santé de Jamie Spears a commencé à se dégrader sérieusement, avec une grave rupture du côlon, suivie en 2023 d'une amputation d'une jambe à la suite d'une infection, ce qui le conduit désormais à se déplacer dans une chaise roulante.

Quant à Britney, elle a déclaré qu'elle ne voyait pas l'intérêt de se réconcilier avec un père qu'elle a qualifié d'abusif devant un tribunal de Los Angeles en juin 2021, et elle a publié le détail des 13 ans de tutelle exercée sur elle et ses conséquences sur sa vie personnelle, dans un livre intitulé « *The Woman in Me* ».

Mohamed Al-Fayed, récemment décédé à l'âge de 94 ans, bien que déjà connu des milieux d'affaires après son rachat de l'hôtel Ritz à Paris en 1979 et du magasin londonien Harrods en1985, est encore loin d'être une célébrité internationale. Il accède d'emblée à ce statut en 1997, à l'âge de 68 ans, lorsque son fils Dodi, alors boyfriend de la princesse Lady Diana se tue avec elle en voiture dans un souterrain du pont de l'Alma, à Paris.

Dès lors, Mohamed Al-Fayed laisse entendre que les deux amants ont été assassinés sur ordre de la Couronne Britannique pour étouffer le scandale et alors même que la princesse était peut-être enceinte de Dodi au moment des faits.

Dodi lui même avait acquis une célébrité mondiale dès lors que fut révélée sa relation amoureuse avec Lady Diana cette même année 1997 grâce à des photos publiées par la presse people et montrant leurs vacances à Saint-Tropez sur un yacht de luxe.

D'une manière plus générale, la presse people et les réseaux sociaux s'intéressent toujours en permanence à l'histoire parentale des stars internationales. Ainsi en est-il de Jane et William Alvin Pitt, parents de **Brad Pitt**, de Tina Knowles, mère de **Beyoncé**, de George Paul DiCaprio, père de **Leonardo DiCaprio** ou de John Voight, acteur déjà connu (Deliverance, Macadam Cowboy), mais surtout père **d'Angelina Jolie**.

28. MOYEN NUMÉRO VINGT HUIT: SE FAIRE CONNAÎTRE APRÈS SA MORT

Paul Cézanne, est aujourd'hui considéré comme l'un des peintres postimpressionnistes les plus importants du XIXème siècle, et certaines de ses peintures ont atteint aux enchères des prix pouvant aller jusqu'à 50 millions d'euros.

Né le 19 janvier 1839 à Aix en Provence, Paul Cézanne ne va commencer à peindre qu'en 1860 dans sa ville natale. Son père, Louis-Auguste, est chapelier, d'origine très modeste, et tient boutique sur le cours Mirabeau. Sa mère, Anne, est ouvrière chapelière. Par la suite, Louis-Auguste devient banquier et est en mesure d'offrir une relative aisance à sa famille et de permettre à Paul de faire ses études primaire et secondaire dans des établissements où il devient l'ami d'Émile Zola, du futur astronome Jean-Baptistin Baille et d'un futur avoué à la Cour, Louis-Marguery. Les trois compères sont vite surnommés « les Inséparables ».

Paul sort du collège Bourbon en 1858 avec le baccalauréat ès lettres en poche, obtenu avec la mention assez bien.

Dès 1857, Paul s'initie au dessin à l'école de dessin d'Aix-en-Provence, et il est récompensé d'un second prix de peinture en 1859.

Cézanne est athlétique, plutôt de grande taille, mais affligé d'une timidité maladive, avec une sensibilité à fleur de peau. Son accent aixois est très prononcé.

Son père Louis-Auguste souhaite qu'il reste à Aix pour finir des études de droit et travailler dans sa banque, mais cette perspective plonge Paul dans un repli sur lui-même, qui conduit Louis-Auguste à accepter en 1861 de voir son fils partir à Paris et rejoindre son ami Émile Zola.

Arrivé à Paris, Cézanne tente deux fois d'entrer à l'École des Beaux-Arts, mais échoue à chaque fois. Il va donc parfaire ses classes par lui-même en allant fréquemment au musée du Louvre, où il s'exerce à copier le Titien, Rubens et Michel Ange.

Il se rend également à l'Académie de Charles Suisse, où il peut dessiner des modèles vivants pour un abonnement très peu cher et qui lui permet de rencontrer d'autres artistes tels que Camille Pissarro, Claude Monet ou Auguste Renoir.

Ses premières œuvres, plus centrées sur les couleurs que sur l'exactitude des formes, n'ont pas la faveur des critiques d'art et jurys de concours, attachés au style académique, alors prédominant. Cézanne tombe sous l'influence de Gustave Courbet et d'Eugène Delacroix, qui veulent peindre une réalité différente. En 1866, *Le Portrait d'homme* qu'il présente au Salon de Peinture et de Sculpture est refusé. Dès 1863, d'autres artistes tels que Manet, Pissarro et Monet, également refusés au Salon de Paris, se trouvent exposés au « Salon des Refusés », autorisé par Napoléon III.

En 1870, Paul Cézanne part dans le sud de la France, à l'Estaque, pour éviter la mobilisation militaire, s'influence avec le travail du jeune impressionniste Pissarro, et s'émerveille de la lumière et des couleurs de la Provence. Il s'installe aussi avec Hortense Fiquet, modèle et ouvrière bientôt surnommée « La Boule ».

Puis, en 1872, il rejoint Pissarro à Pontoise et travaille à ses côtés. Il devient papa d'un fils Paul né de sa liaison avec Hortense, dont il fera par la suite près de 45 portraits. En 1874, Pissarro fait le portrait de Cézanne, avec en arrière-plan une estampe d'Adolphe Thiers et une autre de Gustave Courbet, comme une prédiction que bientôt Cézanne lui aussi connaîtra la célébrité.

En 1874 également, a lieu chez le photographe Nadar, la première exposition des peintres impressionnistes. Cézanne y expose trois toiles qui ne recueillent que critiques négatives de la part du public. Sous l'influence de Pissarro, il abandonne les palettes assez sombres du début pour des tons beaucoup plus brillants, dont les

Grandes Baigneuses, commencées en 1874-1875, montreront l'aboutissement de cette évolution.

À partir du milieu des années 1870, l'inspiration de Cézanne, qui mêle produit de son imagination et scènes naturelles, le conduit à des peintures plus subtiles en gradation de couleurs et de coups de pinceaux, pour créer de la dimension dans ses objets. L'œuvre *Still Life with Apples* par exemple, ne représente pas seulement des objets, tels que pommes, cruche ou jar, mais dégage une sensation grâce à la lumière et l'espace restitués par l'artiste.

À Paris, Cézanne peint *Madame Cézanne à la Robe Bleue*, un chef d'œuvre de tons bleus, verts et bleu-vert.

Au début des années 1882, Cézanne peint des paysages des alentours de sa bonne ville d'Aix en Provence et de l'Estaque près de Marseille. Avec notamment le commencement de sa série sur *La Montagne Sainte-Victoire* en 1887 et *Le Golfe de Marseille vu de l'Estaque* en 1886. En 1882, Cézanne est cette fois admis au Salon et va poursuivre la peinture de nombreuses nature-mortes.

Il est admis à l'Exposition de l'Art français pendant l'Exposition universelle de 1889, mais commence à souffrir l'année d'après de crises graves de diabète, qui sera diagnostiqué en 1890.

Ce n'est qu'à partir de l'âge de 56 ans, en 1895, que Paul Cézanne obtient sa première solo-exhibition dans une galerie parisienne, la galerie Vollard, sans que sa réputation ne puisse encore franchir un cercle restreint d'admirateurs.

Cézanne trouve l'un de ses plus fervents supporters en son ami Émile Zola qui rédige un article en sa faveur lors du Salon.

Vers 1899, la côte de Cézanne monte, mais les profits ne lui reviennent pas vraiment car ils sont largement préemptés par la galerie Vollard qui achète à bas prix les toiles de Renoir, de Degas, de Cézanne ou de Van Gogh.

À partir de 1900, Cézanne emménage dans sa maison d'Aix en Provence et se fait construire son atelier des Lauves au nord d'Aix, où il va peindre de 1902 jusqu'à sa mort. Cependant le diabète et toutes sortes de pathologies, dont une dépression et des migraines le minent, l'éloignent de ses amis et de la communauté des artistes, et l'empêchent de travailler normalement.

En octobre 1906, alors que Cézanne peint une nouvelle fois le massif de la Sainte-Victoire, il est pris d'un malaise et meurt quelques jours plus tard d'une pneumonie, à l'âge de 67 ans. Il laisse à sa mort plus de

900 tableaux et 400 aquarelles, dont certains inachevés.

Cézanne est resté largement incompris de son vivant, voir même vilipendé. Salvador Dali dira de Cézanne: «le peintre le plus mauvais de France s'appelle Paul Cézanne, c'est le plus maladroit, le plus catastrophique, celui qui a plongé l'art moderne dans la merde qui est en train de nous engloutir».

C'est post-mortem que la célébrité de Paul Cézanne va devenir nationale, puis mondiale, grâce notamment à des expositions posthumes à la Galerie Bernheim-Jeune et au Salon d'Automne en 1907.

L'exposition au Salon d'Automne de 56 œuvres de Cézanne exercera une influence considérable sur les peintres lui succédant et qui illustreront le cubisme, le post-cubisme et l'expressionnisme.

Dans cette lignée des artistes maudits, on ne peut évidemment omettre d'évoquer le cas de **Paul Gauguin**.

Ce dernier voit le jour à Paris, dans le second arrondissement, le 7 juin 1848. Il est le fruit de l'union de Clovis Gauguin, journaliste, et d'Alina Maria Chazal, fille d'une féministe socialiste, Flora Tristan.

La famille de Paul quitte Paris pour Lima, au Pérou, pour fuir le climat politique qui suit le coup d'État du 2 décembre 1851 de Louis-Napoléon Bonaparte, et qui restreint drastiquement les libertés publiques.

Durant le voyage transatlantique, le père Clovis tombe malade et meurt. Les quatre années suivantes, Paul, sa sœur et leur mère vivent chez des connaissances à Lima.

La famille revient en France en 1855 s'installer à Orléans, chez le grand-père de Paul. Paul fait ses études et son service militaire dans la marine, où il participe à la guerre de 1870. Puis, en 1872, il devient agent de change à la Bourse de Paris et se débrouille pas trop mal.

Sa mère étant morte en 1867, Paul vit chez son tuteur, Gustave Arosa, un riche collectionneur d'art, qui l'initie au travail des peintres du romantisme, des réalistes comme Gustave Courbet ou Jean-Baptiste-Camille Corot, des pré-impressionnistes de l'école de Barbizon.

En 1873, Gauguin se marie avec une Danoise, Mette-Sophie Gad, avec laquelle il aura cinq enfants. D'abord établi à Paris dans le XVème arrondissement, Gauguin est collectionneur d'art et réussit avec des moyens modestes à se procurer quelques œuvres de Renoir, Monet et Pissarro.

Il se met lui-même à peindre à temps perdu, dans un style impressionniste, fait la connaissance de Camille Pissarro, et participe de 1879 à 1886, aux cinq dernières expositions du groupe des impressionnistes.

Il laisse tomber son métier d'agent de change, en phase de péricliter en 1882, pour ne plus se consacrer qu'à la peinture, mais les revenus insuffisants tirés de cette activité l'obligent un temps à déménager avec femme et enfants à Copenhague, pays de son épouse.

Il ne s'en sort pas financièrement, se fâche avec sa belle-famille danoise, et revient seul s'établir d'abord à Rouen, où il peint une quarantaine de tableaux, puis de nouveau à Paris où il travaille la céramique.

À la mi-année 1886, Paul Gauguin part faire un séjour à Pont-Aven de plusieurs mois qui va être déterminant au regard de l'évolution de son style vers le symbolisme, à l'exemple des *Quatre Bretonnes.*

En novembre 1887, Gauguin, qui vient juste d'arriver à Paris, devient ami de Vincent Van Gogh, d'autant qu'ils sont tous deux sujets à des épisodes dépressifs. Ils s'échangent des peintures, se font des portraits à Montmartre, et discutent sans fin de leur condition d'artiste et leur situation sociale.

En 1888, Van Gogh qui a déjà pris ses quartiers dans la ville d'Arles, se réjouit d'y accueillir Gauguin qu'il a sollicité longuement. Il souhaite que les deux artistes travaillent en commun dans le même studio, et il achète d'ailleurs deux lits en prévision de la venue de son ami.

Arrivé sur place, Gauguin fait un portrait de Van Gogh en train de peindre ses fameux tournesols. Ce portrait ne plaît pas à Van Gogh qui dira : » C'est bien moi, mais devenu fou. »

Dès décembre 1888, des disputes éclatent fréquemment entre les deux hommes, Van Gogh trouvant Gauguin arrogant et dominateur et surtout craignant qu'il reparte d'Arles, le laissant seul.

Après une énième altercation, Van Gogh entre dans un état psychotique dont il a coutume et se tranche une oreille avec son rasoir.

Au début 1891, après avoir habité rue Delambre à Montparnasse, Gauguin est dans une situation financière critique. Il parvient cependant à payer sa place dans un navire à destination de la Polynésie, à Tahiti, puis dans les Marquises.

Il se met en ménage avec une jeune tahitienne de 13 ans, alors qu'il en a 43, ce qui lui vaudra des accusations de pédophilie.

Durant ce séjour tahitien, il peint 70 toiles, dont *Deux Tahitiennes*, ou *Les Seins aux fleurs rouges*, qui est conservé au Metropolitan Museum of Art de New York (MOMA).

En 1893, Gauguin revient en France, à Paris, se met en ménage avec une femme, se brise un tibia lors d'une bagarre à Concarneau et devient boiteux, marchant dorénavant avec une canne.

Il repart seul à Tahiti en 1895, se remet avec une adolescente de 14 ans, s'alcoolise, peint, déprime, soulage ses douleurs à la morphine, et fait une tentative de suicide. Il peint en 1897-1898 la toile dorénavant célèbre, « *D'où venons-nous ? Que sommes-nous ? Où allons-nous ?*

Il devient de plus en plus malade, obligé de vendre des toiles pour s'approvisionner en morphine et en arsenic, à la fois pour soigner sa jambe et tenter de guérir une syphilis. Il refait des tableaux pour son galeriste Vollard, qui les trouve médiocres et les refuse.

Il part ensuite aux Iles Marquises, met enceinte une vahiné de 13 ans, de 39 ans sa cadette, relançant les controverses de pédophilie, et se querelle avec un gendarme, en enchaînant les procès et en faisant un séjour en prison.

Il meurt en mai 1903, à l'âge de 54 ans, ravagé par la syphilis et sa plaie purulente à la jambe, dans une simple case, méprisé par la communauté marquisienne et polynésienne qui considère qu'il a profité de très jeunes filles et provoqué les institutions locales.

Alors qu'il meurt en peintre maudit, Paul Gauguin va, avec Paul Cézanne, Vincent Van Gogh et Émile Bernard, devenir post-mortem l'un des artistes les plus influents sur ceux des générations suivantes du XXème siècle, tant par ses peintures que par les écrits et notes qu'il laisse.

L'une de ses phrases est: « Vous connaissez depuis longtemps ce que j'ai voulu établir, le droit de tout oser ».

Reconnu progressivement après sa mort grâce aux rétrospectives et à certains collectionneurs, il influencera les fauves (Matisse, Derain, Dufy), les cubistes, les expressionnistes et jusqu'à Picasso.

Louis Martin, horloger-bijoutier et Zélie Guérin, dentellière, qui habitent Alençon, ont déjà eu huit enfants, dont quatre morts en bas-âge, lorsque Zélie accouche à 40 ans, d'une petite **Thérèse,** le 2 janvier 1873.

La famille est très pieuse, charitable, et Thérèse est entourée d'amour de la part de ses parents et de ses sœurs.

Malheureusement, sa mère est atteinte d'un cancer du sein et décède alors que Thérèse n'a que quatre ans et demi. Bien sûr, c'est un drame épouvantable pour cette petite fille et elle va en éprouver une grande douleur sur une dizaine d'années.

Sa sœur Pauline prend le relais de sa défunte mère pour s'en occuper et la famille se rapproche du beau-frère de Louis Martin, qui est pharmacien à Lisieux, en s'installant aux Buissonnets, un quartier de Lisieux. Ce pharmacien est un monarchiste qui défend le catholicisme social et admire le pape Léon XIII.

Thérèse suit l'école chez les Bénédictines durant cinq ans et cette expérience, elle la vivra comme une période de tristesse, bien que disciplinée et bon élève.

Puis vient le temps ou sa sœur Pauline entre au Carmel de Lisieux, et c'est un nouveau choc pour Thérèse, qui a alors 10 ans, et qui apprend la nouvelle par surprise. Elle tombe sérieusement malade, combinant hallucinations, anorexie, maux de tête, éruptions et régression infantile. Les médecins ne savent que faire pour la sortir de cet état.

Son entourage prie pour elle, sa sœur Pauline lui adresse des lettres de réconfort lui vantant les joies de la vie au Carmel. On installe une statue de la Vierge dans sa chambre et lors d'une prière commune avec ses autres sœurs, Thérèse voit la statue de la Vierge lui sourire et elle se trouve guérie instantanément de son mal.

Soumis au questionnement des carmélites, elle se sent coupable d'avoir trahi la Vierge en racontant son histoire, elle pense même n'avoir pas été réellement malade, alors que les médecins la condamnaient.

Quoiqu'il en fût, Thérèse fait sa première communion en 1884, et se sent en totale union avec Jésus Christ ce jour-là. Un an plus tard, Thérèse découvre la mer à Trouville sur Mer, puis en 1886, c'est au tour de sa sœur Marie de partir au Carmel.

Elle dit recevoir la grâce lors du Noël de cette même année, qu'elle appellera plus tard la nuit de sa conversion.

Soucieuse de convertir les autres et les pécheurs en particulier, Thérèse s'intéresse au sort d'un condamné à mort, Henri Pranzini, un multi meurtrier jamais repenti. Elle prie pour lui, demande de lui un simple signe de conversion qu'il effectuera le jour de sa mise à mort en embrassant la Croix, après avoir cependant refusé l'assistance d'un prêtre.

Convaincue de la miséricorde divine, elle est convaincue que Dieu a pardonné Pranzini.

En octobre 1887, après quelques tergiversations avec son père et le pharmacien, devenu tuteur du fait de la mauvaise santé de Louis Martin, elle est enfin autorisée à rentrer au Carmel à son tour par sa famille. C'est sans compter avec les autorités religieuses qui refusent du fait qu'elle est trop jeune et qu'elle n'a pas encore les vingt et un ans requis. Qu'à cela ne tienne, elle profite d'un pèlerinage à Rome, entrepris par sa famille à l'occasion du jubilé du pape Léon XIII, pour parvenir à présenter sa requête directement au pape.

Même s'il y aura encore bien des obstacles à surmonter pour elle avec évêques, chanoines, vicaires impliqués dans ce parcours « de la combattante », elle finit par être admise au carmel de Lisieux en avril 1888, alors qu'elle a quinze ans et trois mois.

Elle y mène une vie strictement disciplinée, austère et essentiellement contemplative. La vie n'y est pas toujours simple car les autres sœurs et supérieures ne sont pas toujours tendres avec Thérèse.

À l'âge de 65 ans, son père adoré, Louis est victime de troubles mentaux, certainement dû à une artériosclérose cérébrale, mais qui lui permettront néanmoins d'assister à la prise d'habit et l'entrée de sa fille au noviciat en janvier 1889.Thérèse choisit son nom de religieuse qui sera « **Thérèse de l'Enfant Jésus et de la Sainte Face** ».

Louis Martin meurt en juillet 1894, et Céline, l'une des sœurs de Thérèse qui le soignait rejoint à son tour le Carmel. Cette même année, on fête une célébration nationale de Jeanne d'Arc et le début du processus de béatification initié par Léon XIII. Ce qui donne l'occasion à Thérèse d'écrire deux pièces de théâtre consacrées à la vie de Jeanne d'Arc.

Durant l'année 1896, Thérèse creuse de plus en plus profondément sa vocation religieuse et son union profonde au Christ, d'autant qu'elle est atteinte de tuberculose et que sa santé se dégrade rapidement. Elle indique que sa mission posthume sera de « donner sa petite voix aux âmes » et de « passer son Ciel à faire du bien sur la terre ».

Elle meurt le 30 septembre 1897 à l'âge de 24 ans. Ce n'est que bien après sa mort que le rayonnement national et international de Thérèse de Lisieux va éclairer le monde de la chrétienté.

Des premiers pèlerins viennent se recueillir sur sa tombe et certains miracles sont constatés, dont la guérison d'une jeune aveugle de 4 ans sur la tombe même de Thérèse.

Le 29 avril 1923, elle est béatifiée et ses reliques sont transférées du cimetière de Lisieux au Carmel.

Elle est canonisée le 17 mai 1925 par le pape Pie XI, alors que 50 000 fidèles sont réunis sur la place Saint-Pierre de Rome, au Vatican.

Puis, en 1929 la construction de la Basilique de Lisieux est entreprise, sera inaugurée en 1937 et consacrée en 1954. Jean-Paul II qui se rend en pèlerinage à la basilique de Lisieux en 1980.

Durant la Seconde Guerre mondiale, en 1944, le Pape Pie XII proclame Thérèse patronne secondaire de la France, à l'égale de Jeanne d'Arc.

À propos de Thérèse, citons les propos de Monseigneur Guy Gaucher qui figurent sur le site Web officiel du Sanctuaire Sainte-Thérèse de Lisieux : « La sainteté de Thérèse ne repose pas sur des phénomènes extraordinaires. Elle consiste à faire de manière extraordinaire des choses tout ordinaires ! »

29. MOYEN NUMÉRO VINGT NEUF: SE METTRE EN SCÈNE

Pour devenir célèbre, on peut aussi décider de s'en occuper soi même et tout simplement de mettre en scène sa propre vie. Encore faut il avoir quelque chose à raconter qui soit de nature à intéresser les foules!

Le 16 novembre 1906 naît à Saint-Etienne de Lugdarès, en Ardèche, **Henri Charrière**, qui a déjà deux sœurs aînées à sa naissance.

La vie va se montrer rude pour le jeune Henri qui ne le sait pas encore, à moins que ce ne soit Henri qui se soit pourri la vie sans le savoir.

À dix ans sa mère, qu'il adorait, meurt d'une maladie contagieuse, et cette mort il va la vivre pour toujours comme la première grande injustice à son égard.

Cet évènement va l'endurcir, d'autant que son père l'envoie en pension dans la Drôme, à Crest. Là, souffrant de sa condition d'orphelin de mère, il apprend à faire sa place en jouant des poings, au point de se faire renvoyer de l'établissement.

Son père, soucieux de le recadrer, l'incite à s'engager dans la Marine Nationale, mais ce rebelle né, accepte encore moins la discipline militaire et rue dans les brancards. Très vite, il a la réputation d'une tête brulée, plus souvent puni, mis au cachot, ou assigné aux corvées de chiottes, plutôt qu'à servir un poste d'active sur le porte-avions Béarn sur lequel il est affecté.

Il a signé pour trois ans avec la Marine, mais ne songe qu'à écourter le bail qui le lie à l'armée avant terme. Après s'être fait tatouer un papillon sur l'épaule, lors d'un passage à Calvi, il s'écrase volontairement un pouce avec une pierre et parvient à se faire réformer le 28 avril 1927, après juste deux ans de service.

Sorti de l'armée, après un bref passage en Ardèche, il s'installe à Paris avec une femme de mauvaise vie, devient maquereau et vivote de petite délinquance, notamment de vols de coffres-forts. Il fréquente alors divers établissements pénitentiaires.

Le 26 mars 1930, un dénommé Roland Legrand, charcutier le jour et souteneur la nuit, se prend une balle de revolver dans le ventre au milieu de la nuit. Transporté à l'hôpital, où il décède quelques heures plus tard, il a le temps, dans un dernier souffle, de désigner le tireur comme étant « Papillon Roger ». C'en est fait pour Henri Charrière, plutôt connu sous l'appellation de « Papillon pouce-coupé ».

La police pense tenir le coupable, même si Charrière clame son innocence. Son avocat est confiant et Henri aussi, qui porte un nœud papillon bleu ciel. Il est cependant reconnu coupable, sauf de préméditation, et condamné aux travaux forcés à perpétuité le 26 octobre 1931, alors qu'il a 25 ans.

Les travaux forcés, c'est l'enfer de la Guyane. Henri se jure qu'il ne restera pas plus de deux ans au bagne, et qu'il s'en évadera. Il part d'abord à l'Ile de Ré. Ses codétenus ne comprennent pas la dureté de sa peine, pour ce qu'ils estiment n'être qu'une peccadille. Il est vrai qu'il est avec les « *durs de durs* » et il se fait parmi eux quelques amis.

Il part ensuite vers la Guyane à Cayenne à fond de cale pour une traversée de 18 jours.

La réputation du bagne de Cayenne est sinistre car les conditions de vie des détenus sont misérables. C'est l'armée qui gère l'administration du pénitencier. L'Ile du Diable, qui avait hébergé le capitaine Dreyfus, ne compte plus que quelques centaines de détenus.

Les bagnards sont tenus de scier du bois dans la forêt guyanaise, cet « enfer vert ». Pas besoin de verrous, car toute évasion dans cet environnement hostile conduit à une mort inéluctable.

Cependant, Papillon réussit à se faire hospitaliser, ce qui lui permet de mieux préparer une évasion du bagne de Saint Laurent du Maroni.

Papillon trouve un complice doté d'un petit bateau et qui peut le faire fuir par la rivière, moyennant finances.

Il réussit son coup, se blessant juste sur les tessons de bouteille qui surplombent les murs de la prison.

Papillon et ses compagnons finissent sur l'Ile aux Pigeons où résident les lépreux. Ils quittent l'île sur un petit canot à voile donné par les lépreux, pour aller en Colombie et abordent à Trinidad dans les Caraïbes.

Un avocat anglais les héberge dans une immense maison avec piscine. Henri et ses acolytes repartent vers le Honduras et proche des côtes colombiennes, ils sont arrêtés par une patrouille maritime colombienne et incarcérés.

Le trio français s'évade très vite de cette prison et trouve refuge chez des Indiens colombiens où ils prennent femmes temporairement. Repartis un an plus tard, ils sont repris à Santa Martha et incarcérés à nouveau dans des conditions épouvantables, dans des cachots où la marée montante atteint la taille des détenus, avec infestation de rats et de crabes.

Nouvelle évasion de cet enfer, et nouvel échec après un chavirage. Retour à Cayenne et condamnation supplémentaire de deux ans sur l'Ile du Salut. Henri reprépare une évasion qui échoue à nouveau sur dénonciation et cette fois il commence par purger onze années ininterrompues de bagne. Il est envoyé à l'Ile du Diable dans la même cellule qui était celle du capitaine Dreyfus.

À plus de 35 ans, il rêve d'une nouvelle vie et prend l'exemple de Dreyfus qui n'a jamais baissé les bras. Il tente une évasion risquée en se lançant dans la mer, les fers au pied. Il réussit cette nouvelle tentative, navigue sur un radeau de noix de coco pendant 40 heures et arrive au Guyana.

À partir de l'automne 1967, Papillon bénéficie d'une prescription de peine, revient en France après un exil de plusieurs dizaines d'années, et durant les six mois qui suivent, Henri Charrière, se met à écrire compulsivement l'histoire de sa vie en 600 pages.

Le livre Papillon est publié par l'éditeur Robert Laffont en 1969, Henri Charrière ayant alors 63 ans.

Ses souvenirs se vendent à des millions d'exemplaires, on parle de plus de 13 millions d'exemplaires à travers le monde. Du jour au lendemain, Charrière devient une star. Il est gracié en 1970 par le Président Georges Pompidou.

Bien que l'éditeur Laffont dit avoir vérifié l'histoire de Papillon avant publication, de sérieux doutes sur sa véracité se font jour, notamment sur la base des déclarations d'anciens compagnons d'infortune de Charrière. L'éditeur Gérard de Villiers se charge à son tour de procéder à une vérification des faits et trouve que la plupart d'entre eux sont enjolivés, inventés de toutes pièces, ou arrivés à d'autres détenus que Charrière.

Charrière publie une suite à son histoire en 1972, dans un livre intitulé *Banco,* et en 1973, une adaptation cinématographique entre dans les salles obscures, avec le film *Papillon* de Franklin Schaffner, avec Steve

McQueen dans le rôle de Papillon et Dustin Hoffman.

Henri Charrière meurt à 67 ans d'un cancer de la gorge, en Espagne à Madrid.

Jacques Mayol surnommé *Dolphin Man* s'est suicidé par pendaison dans sa villa de l'ile d'Elbe, à 74 ans parce qu'il ne croyait plus en rien et souffrait de dépression.

Il naît à Shanghai le 1ér avril 1927, jour où on accroche un poisson dans le dos, et ce clin d'œil du destin jusqu'à la pendaison qui lui retient son souffle, illustre les deux parenthèses qui encadrent sa vie, tout entière dédiée à la mer et à la plongée profonde en apnée.

Son père est architecte et travaille dans la concession française de la ville. Il se rend souvent au Japon en famille, et dès l'âge de six ans, Jacques et son frère Pierre se passionnent pour les Ama, ces plongeuses en apnée, qui juste équipées d'un panier en osier, vont récolter coquillages, oursins et crustacés, pour en vivre.

C'est aussi le temps où il découvre les dauphins, pour la première fois, notamment autour des grottes de Karatsu.

En 1939, Jacques et sa famille sont installés à Marseille et durant le deuxième conflit mondial, il a tout le temps de faire de fréquentes plongées sur le littoral pour aller pêcher des poissons avec un équipement fait de bric et de broc.

C'est là qu'il va se lier d'amitié, dans les calanques, avec Albert Falco, qui sera plus tard l'associé du Commandant Cousteau dans ses nombreuse aventures maritimes.

Jacques n'est pas fait pour les études et il va rapidement parcourir le monde pour ce qui constituera ses trois plus grandes passions, à savoir la route, la mer et les femmes.

Lors d'un séjour à Miami, où il s'installe avec une Danoise qu'il a épousée, il trouve en 1955 un job qui lui convient, à savoir plongeur pour les aquariums du parc aquatique *Seaquarium*. Cette activité lui permet de se faire une amie : une femelle dauphin baptisée Clown et qui deviendra la mère de Flipper le dauphin dans une série TV. Il apprend d'elle certains comportements d'apnée.

Plus tard, en 1986 il écrit « *Homo Delphinus* » dans lequel il explique comment Clown lui a appris « à devenir aquatique, à lâcher prise, à se laisser aller dans le flot de l'eau, dans le flot de la vie ».

La suite est une série d'aventures féminines et une cascade de boulots différents allant de chauffeur de maître à Hollywood, où il conduira notamment Zsa Zsa Gabor et une maîtresse de Frank Sinatra et Sean Connery, à pêcheurs de langoustes, en passant par chasseur de trésors dans les Bahamas ou plongeur dans des restaurants !

Ses multiples aventures professionnelles, amoureuses, de vagabondage international lui permettent de nouer des amitiés tous azimuts et de développer d'exceptionnelles capacités d'adaptation, comme l'écrira son frère Pierre Mayol dans un livre autobiographique « *Mayol, l'homme-dauphin.* »

Jusqu'au début des années 1960, la communauté scientifique et des plongeurs, pense qu'il est impossible de franchir la profondeur de 50 mètres en apnée, sauf à voir sa cage thoracique réduite en bouillie.

C'est l'italien Enzo Maiorca qui va avoir le premier, le courage de franchir cette espèce de mur du son de la plongée en apnée, le 15 août 1961 au large de Syracuse, en réussissant une plongée à moins 51 mètres.

C'est à partir de cette époque que Jacques Mayol et Ennzo Maiorca vont se livrer à une compétition acharnée dans le domaine de la plongée en apnée, en enchaînant les records l'un sur l'autre.

En 1966, Mayol détrône Maiorca en réalisant une plongée à moins 61 mètres dans les Bahamas.

En 1972, Maiorca atteint les moins 80 mètres, record que lui reprend Mayol en novembre 1976 en devenant le premier plongeur en apnée à dépasser les moins 100 mètres. Mayol utilise des techniques inspirées du yoga pour réaliser ses exploits et ralentir fortement son rythme cardiaque en plongée.

L'année d'avant cependant, Jacques Mayol vit un drame épouvantable: sa compagne allemande, Gerda, est agressée au couteau et tuée en Floride par un drogué dans une supérette. Mayol ne s'en remettra jamais et développera une mélancolie toute sa vie à la suite de ce tragique évènement.

C'est en 1983, à Marseille, que Jacques Mayol fait la connaissance du réalisateur Luc Besson. Ce dernier a le projet de réaliser un film relatant la rivalité entre Enzo Maiorca et Jacques Mayol et leur obstination à repousser toujours plus loin les limites de leur passion pour la plongée profonde en apnée. Cette même année, Mayol fait une plongée à moins 105 mètres.

Jacques Mayol participe au scénario du film, sans en avertir Maiorca. Ce dernier dira par la suite : « Je n'ai surtout pas apprécié que Jacques, qui a participé au scénario, ne m'en parle à aucun moment. Je me suis senti trahi ».

Ce film, intitulé *Le Grand Bleu*, est une interprétation plutôt libre de l'histoire réelle des deux plongeurs. Il est présenté en ouverture au Festival de Cannes en 1988, où il reçoit un accueil très mitigé. Il est même sifflé par une partie du public. Jacques Mayol a alors 61 ans et sa notoriété va sortir renforcée par le film, car tout le monde sait que ce film raconte son histoire.

Malgré ce début peu prometteur, Le Grand Bleu va s'avérer être un des films français les plus rentable de tous les temps et plus de neuf millions de spectateurs iront le voir en France. Le film reçoit six nominations aux César et remporte le César de la meilleure musique, celle d'Éric Serra, et du meilleur son. Le succès est moindre sur le reste du Vieux Continent et aux États-Unis.

En France, le succès du film donne le sentiment à Jacques Mayol d'être dépossédé de sa vie et accroît son sentiment de solitude. Cette mélancolie durable le conduira à mettre fin à ses jours une dizaine d'années plus tard, à l'âge de 74 ans.

30. MOYEN NUMÉRO TRENTE: ECRIRE UN LIVRE SUR LES MOYENS D'ÊTRE CÉLÈBRE SUR LE TARD OU TROUVER LE TRENTE ET UNIÈME MOYEN

L'auteur de ce livre, âgé de 72 ans, étant resté dans l'anonymat jusqu'à aujourd'hui, ce trentième moyen d'accéder à une certaine forme de notoriété sur le tard sera validé si ce livre connaît un succès, autre que de pure estime et de pure autosatisfaction.

Cela étant dit, je n'ai pas écrit ce livre pour seulement tester ce moyen numéro trente, mais surtout parce que je reste fasciné par le fait que tant de personnes âgées ont emprunté les vingt-neuf autres, en démontrant des ressources insoupçonnées et en démontant bien des préjugés sur l'âge.

La philosophie de vie japonaise Ikigai, née dans l'île d'Okinawa, qui compte de nombreux centenaires, est une philosophie qui repose sur l'idée de se sentir heureux d'exister, quoi qu'il arrive et n'importe quand.

Pour trouver son Ikigai, la méthode consiste d'abord à bien déterminer ce que l'on aime faire, ses passions et ses principaux centres d'intérêt. Ensuite on recense ses talents et ce en quoi on est capable de faire quelque chose de valable. Puis de réfléchir à ce que les autres ont besoin et en quoi on pourrait donner du sens à notre vie pour leur apporter ce quelque chose.

Enfin pourquoi ne pas joindre l'utile à l'agréable en complétant le dernier volet de cette philosophie, à savoir comment monétiser ce talent particulier, qui est notre passion et qui rend un service aux autres.

Beaucoup des personnages évoqués dans ce livre ont trouvé leur ikigai, consciemment ou inconsciemment, ont découvert pourquoi leur vie valait d'être vécue, indépendamment de l'âge et n'ont jamais pensé que ce dernier constituait une limite au-delà duquel votre ticket n'est plus valable.

Il revient maintenant à toutes celles et ceux qui ont bien voulu faire l'effort de lire ce livre jusque-là, et au-delà d'eux-mêmes, d'inventer ou de découvrir le trente et unième moyen, celui que je n'ai pas recensé précédemment et qui les fera connaître passé l'âge de la retraite.

Je suis certain qu'il y a suffisamment d'imagination, d'idées nouvelles, d'énergie insoupçonnée, de talents cachés et encore non révélés, par le vaste monde pour qu'on soit étonné une fois de plus de nouvelles façons d'obtenir une notoriété nationale ou internationale à un âge où il est plutôt coutume de se faire discret.

IV. CONCLUSION

L'un des enseignements de ce livre, c'est que chaque être humain possède trois âges: l'âge officiel, celui de notre bulletin de naissance et de notre état civil. Celui-là, on ne peut pas le cacher, on ne peut que l'assumer, bien ou mal, et on sait qu'il prend un an de plus à chacun de nos anniversaires.

Cet âge officiel qu'on ne peut pas changer en insupporte certains au point qu'ils ou elles décident de le maquiller sur les réseaux sociaux ou dans les conversations. Pour ceux ou celles-là, il est recommandé de ne pas souhaiter leurs anniversaires lorsque l'horloge a déjà sonné de nombreux coups, car cette journée maudite ne leur donne aucune envie de déboucher le champagne ou de souffler des bougies qu'on numérote par deux chiffres seulement pour éviter de surcharger un gâteau qui ne pourrait en supporter le nombre réel.

Notre deuxième âge, c'est celui qu'on a dans sa tête. Le plus souvent, il rabote de plusieurs années, voire de décennies notre âge officiel. « On a toujours vingt ans quand on aime », comme l'a écrit en 1975 le chanteur québécois Jean-Pierre Ferland. Et puis nos conditions de vie et de santé se sont tellement améliorées qu'on est encore très jeune à 50 ans. L'âge de la retraite recule et permet donc de rester dans la vie active plus longtemps. On peut aussi être le

« Tanguy » de service et s'accrocher à 30 ans au domicile de ses parents en se croyant toujours adolescent.

Certains, se vieillissent dans leur tête, parce que cela leur confère davantage de confiance en eux, de maturité ou d'autorité. On voit cela dans le monde de l'entreprise.

Quoiqu'il en soit, comme le dit le psychiatre et gériatre Olivier de Ladoucette : « On n'a pas uniquement l'âge de ses artères, on a aussi l'âge de ses désirs. » Le succès des applications de rencontre pour les seniors et l'usage intensif qu'ils font des réseaux sociaux le démontrent amplement.

Le troisième âge, si j'ose dire, c'est celui que les gens autour de vous vous prêtent. On peut paraître plus jeune ou plus vieux que son âge officiel, en fonction de sa condition physique, de son moral et état d'esprit, de ses addictions, de ses activités, ou de bien d'autres critères.

Le succès de la chirurgie esthétique, malgré son coût souvent exorbitant, des compléments alimentaires, des clubs de sports ou de bien être, des instituts de thalassothérapie ou de massage, des séminaires de méditation, de relaxation, des cabines de bronzage, des implants dentaires ou capillaires, des produits cosmétiques pour la peau, et autres moyens, montrent à l'envie cette quête un peu désespérée de l'apparence de la jeunesse.

En fin de compte, tout ceci importe peu si l'on s'en tient à l'excellente phrase d'Oscar Wilde : « La beauté est dans les yeux de celui qui regarde ».

Mais on sait aussi que certains jeunes paraissent déjà vieux, engoncés dans des principes, des habitudes, des réflexions surannées ou de faible ouverture d'esprit. Avoir vingt ans et passer ses soirées dans ses charentaises en regardant des séries Netflix tout en buvant une camomille, oui cela existe et la génération plan-plan génère autant de « jeunes vieux « que le démon de midi ne génère de vieux beaux.

Là où un problème peut surgir, c'est quand l'écart entre l'âge qu'on a dans sa tête et l'âge qu'on vous prête devient trop important, car alors le ridicule, voire le grotesque peut surgir.

Cette situation peut amener des mères quinquagénaires à vouloir s'habiller, se maquiller et sortir dans les mêmes lieux que leurs filles de vingt ans. Parfois même à séduire et coucher avec leurs petits amis. De vieux messieurs sexagénaires ou plus à vouloir effacer les 40 ans qui les séparent des jeunes femmes ou hommes qu'ils convoitent, et qui finissent par s'inscrire sur les sites de « sugar daddies ».

Bien sûr il n'y aucune normalité dans les relations amoureuses, tant qu'on ne s'affranchit pas de ce que la loi prescrit, et il ne devrait pas y avoir de jugement inapproprié sur ces situations. On sait bien pourtant que le « qu'en dira-t-on ? » se construit d'elles car il y a une propension éternelle chez l'être humain dans le domaine amoureux à trouver plus facile de se gausser d'une exception plutôt que de s'en réjouir au nom de la liberté individuelle de chacun.

On voit donc que de nos jours l'âge officiel n'est pas un obstacle mais juste un numéro. Et puis comme l'écrivait Friedrich Nietzsche dans le Gai Savoir : « la rouille aussi est nécessaire : être aiguisé ne suffit pas ! Sans quoi l'on dira toujours de toi : il est trop jeune ! »

Micheline Presles, récemment décédée comme doyenne du cinéma français à l'âge de 102 ans, avait coutume de dire: « je n'aime pas dire mon âge car ce serait lui donner de l'importance ».

Sources biographiques:

1. **Louise Bourgeois:** Museum of Modern Art MoMA - New York; The Solomon R. Guggenheim - New York; Xavier Hufkens.

2. **Katsushika Hokusai:** Katsushika Hokusai.org; Britannica; The Metropolitan Museum of Art MoMA - New York; British Museum.

3. **Yayoi Kusama:** Yayoi Kusama Official Site; www.tate.org.uk; Artnet; Britannica; MoMA.

4. **Jorge Mario Bergoglio:** La Croix; The Holy See (https://m.vatican.va), Britannica.

5. **Rut Larsson:** Guiness World Records; New York Post (June 15, 2022).

6. **Yūichiro Miura:** Guiness World Records, Wikipedia; Smithsonian Magazine; The Japan News (31 août 2023).

7. **Fauna Singh:** Olympics (https://olympics.com), BBC; Wikipedia.

8. **Olga Kotelko:** olgakotelko.com; National Institutes of Health (https://www.ncbi.nlm.nih.gov).

9. **Julia Welles Hawkins:** Gerontology Wiki (https://gerontology.fandom.com/wiki/Julia_Hawkins); Guideposts (https://guideposts.org).

10. **Pierre Agostini:** NobelPrize.org; CEA (https://www.cea.fr); Wikipedia.

11. **Luc Montagnier:** NobelPrize.org; The Lancet (https://thelancet.com); Institut Pasteur (https://www.pasteur.fr).

12. **Louis Pasteur:** Institut Pasteur (https://www.pasteur.fr); Britannica.

13. **Vernon Lomax Smith:** NobelPrize.org; Encyclopedia.com

14. **Peter W. Higgs:** NobelPrize.org; The Guardian (https://www.theguardian.com); Physics World (https://physicsworld.com); The World Economic Forum (https://weforum.org).

15. **John Goodwin:** Virgin Galactic (https://www.virgingalactic.com); Olympics (https://olympics.com); Wikipedia.

16. **Wally Funk:** Guiness World Records; wallyfly.com (https://wallyfly.com); NASA (https://historycollection.jsc.nasa.gov).

17. **Helen Van Winkle:** Linkedin; Wikipedia; CNN (https://money.cnn.com).

18. **Studio Danielle:** Le Temps (https://www.letemps.ch); Instagram; X; Famous Birthdays (https://fr.famousbirthdays.com).

19. **Shirley Curry:** YouTube; Wikipedia; The New York Times (https://www.nytimes.com)

20. **Jeanne-Marie Le Calvé dit "La Mère Denis":** Radio France (https://www.radiofrance.fr);Geneastar(https://www.geneastar.org; Graines de Robert (https://graines-de-robert.e-monsite.com)

21. **Germaine Soleil:** France 3 Régions (https://france3-regions.francetvinfo.fr); Histoires radiophoniques (https://radios.peuleux.eu); ina.fr (https://www.ina.fr).

22. **Marguerite Yourcenar:** Académie française (https://www.academie-francaise.fr); Musée Marguerite Yourcenar

(https://www.museeyourcenar.fr);
Radio France
(https://www.radiofrance.fr).
Site Gallimard
(https://www.gallimard.fr).

23. **Annie Ernaux:** Annie-Ernaux.org
(https://www.annie-ernaux.org);
NobelPrize.org; Britannica; Wikipédia.

24. **Harland David Sanders:** KFC UK
(https://www.kfc.co.uk);   Britannica;
University of Houston (https://uh.edu);
Biography
(https://www.biography.com).

25. **Didier Lombard:** Le Monde
(https://www.lemonde.fr); The World

Economic Forum; Les Annales des Mines (https://www.annales.org); L'Usine Nouvelle (https://www.usinenouvelle.com); France Info; Courrier international (https://www.courrierinternational.com).

26. **Warren Buffet:** Forbes (https://www.forbes.com); Harvard Business Review (https://hbr.org); Berkshire Hathaway; CNBC, Britannica.

27. **Didier Raoult:** IHU-Méditerranée Infection; France Info; Radio France; Challenges (https://www.challenges.fr); Le Monde.

28. **Gaston Dominici:** INA (https://www.ina.fr); Historia; Radio France; Le Monde, Wikipedia.

29. **Bernard Madoff:** Britannica; United States Department of Justice; Investopedia (https://www.investopedia.com); Wikipedia.

30. **Harvey Weinstein:** BBC (https://www.bbc.com); The New York Times; Time Magazine; Reuters (https://www.reuters.com); ABC News (https://abcnews.go.com).

31. **Leonid Ilitch Brejnev:** History.com (https://www.history.com);

Encyclopedia of Ukraine (https://www.encyclopediaofukraine.com); Wikipedia; Britannica.

32. **Deng Xiaoping:** People's Daily Online (http://en.people.cn/data/people/dengxiaoping.shtml); Chineseposters.net; Biography (https://www.biography.com); Association for Asian Studies.

33. **Rolihlahla Mandela:** Nelson Mandela Foundation (https://www.nelsonmandela.org/biography); NobelPrize.org; Britannica.

34. **Golda Meir:** Jewish Women's Archive (https://jwa.org/encyclopedia/article/meir-golda); National Geographic; History.com.

35. **Joe Biden:** The White House (https://www.whitehouse.gov); Wikipédia; National Archives (https://obamawhitehouse.gov).

36. **Comte de Saint Germain/Richard Chanfray:** Savoirs d'Histoire (https://savoirsdhistoire.wordpress.com); Musica et Memoria (http://www.musimem.com); Wikipédia; Dalida site Officiel (https://dalida.com); chemeurope.com.

37. **Baba Vanga:** Sky History TV Channel; Wikipédia.

38. **Philippe Aries:** philippe-aries.histoweb.net; Encyclopedia.com; Larousse.

39. **Jean de Joinville:** Encyclopedia Universalis (https://www.universalis.fr); france-pittoresque.com

40. **Claude Bloch:** Convoi 77 (https://convoi77.org); Mémorial de la Shoah (https://www.memorialdelashoah.org).

41. **Sunna Tsuboi:** Wikipédia; The New York Times; Asahi Shinbun (https://www.asahi.com).

42. **Léon Gautier:** Ministère des Armées (https://www.defense.gouv.fr); D-Day Overlord (https://www.dday-overlord.com); Les services de l'État dans le Calvados (https://www.calvados.gouv.fr).

43. **Elizabeth Gladys Dean, dite Millvina:** Encyclopedia Titanica (https://www.encyclopedia-titanica.org); Biography (https://www.biography.com); Wikipédia.

44. **Lazare Ponticelli:** Musée de l'histoire de l'immigration (https://www.histoire-immigration.fr); Légion Étrangère (https://www.legion-etrangere.com); Encyclopaedia Universalis.

45. **Carlos Soria Fontán:** BBVA (https://www.bbva.com); Wikipédia; BBC (https://www.bbc.com).

46. **Georges Clemenceau:** Musée Clemenceau (https://musee-clemenceau.fr); Sénat (https://www.senat.fr); Académie française (https://www.academie-francaise.fr).

47. **Donald John Trump:** Association Donald John Trump: National Archives (https://trumpwhitehouse.archives.gov); The Trump Organization (https://www.trump.com); White House Historical (https://www.whitehousehistory.org).

48. **Jean-Luc Mélenchon:** Melenchon.fr; La France Insoumise (https://lafranceinsoumise.fr); Assemblée Nationale (https://www.assemblee-nationale.fr).

49. **Jean-Marie Le Pen:** Site Officiel (http://www.jeanmarielepen.com); Assemblée Nationale

(https://www.assemblee-nationale.fr);
Ina (https://www.ina.fr).

50. **Paul Richard Alexander:** The New York Times; BBC (https://www.bbc.com); Dallas News (https://www.dallasnews.com).

51. **Charly Bancarel:** Olympics (https://olympics.com); Wikipédia.

52. **Ana del Valle:** Radio France (https://www.radiofrance.fr); Wikipédia.

53. **James Hiram Bedford:** Cryonics Archive (https://www.cryonicsarchive.org); The

New York Times; SFGATE (https://www.sfgate.com).

54. **Jean-Pierre Adams** : OGC Nice (https://www.ogcnice.com) ; Fédération Française de Football (https://www.fff.fr) ; Wikipédia.

55. **Cornelia Ras:** Reuters (https://www.reuters.com); Gerontology Wiki (https://gerontology.fandom.com).

56. **Paul von Hindenburg:** Fondation Charles de Gaulle (https://www.charles-de-gaulle.org); Seconde-Guerre.com; Geo (https://www.geo.fr).

57. **Cochise:** Encyclopaedia Universalis (https://www.universalis.fr); Medarus.org; SouthernArizonaGuide.com.

58. **Henri Philippe Pétain:** Chemins de Mémoire (https://www.cheminsdememoire.gouv.fr); Académie Française; Géo.fr; L'Histoire (https://www.lhistoire.fr).

59. **Arthur Schopenhauer:** Philosophie Magazine (https://www.philomag.com); Radio France; Larousse; Schopenhauer.fr.

60. **Edgar Morin:** Philosophie Magazine; Institut Mémoires de

l'édition contemporaine
(https://www.imec-archives.com);
Radio France; Wikipédia.

61. Sigmund Freud: Philosophie
Magazine; Encyclopaedia Universalis;
Radio France; Larousse; Wikipédia.

62. Iris Apfel: Vogue France; MODART
International (https://wwwmodart-
paris.com); Fashion Network; Courrier
International; Vanity Fair.

63. Jacques Henri Lartigue: Donation
Lartigue (https://www.lartigue.org);
Musée de la Photographie Charles
Nègre; INA (https://www.ina.fr);
Wikipédia.

64. **Rose Victoria Repetto:** Repetto (https://repetto.com/pages/univers-repetto-histoire); Mondepotvente.com; Wikipédia.

65. **Judith Olivia Dench:** Club James Bond (https://jamesbond007.net); Purepeople (https://www.purepeople.com); Wikipédia.

66. **Youn Yuh-Jung:** Academy of Motion Picture Arts and Sciences; The Korea Herald; Wikipédia.

67. **Ridley Scott:** Larousse; Institut Lumière (https://www.institut-lumiere.org); Wikipédia; Britannica.

68. Ann Roth: Costume Designers Guild (https://www.costumedesignersguild.co m); The New York Times; Wikipédia.

69. Ramjit Raghav: Daily Mail; India Today; World Record Academy; Wikipédia.

70. Omkari Panwar: World Record Academy; London Evening Standard; WordPress.com; Wikipédia.

71. Robert De Niro: Vanity Fair; Gala (https://www.gala.fr); Dailymotion.

72. Al Pacino: Gala; Purepeople; Voici (https://www.voici.fr).

73. Anthony Quinn: Wikipédia.

74. Ninon de Lenclos : Histoire pour Tous (https://www.histoire-pou-tous.fr); Carnet d'Histoire (https://carnet-dhistoire.fr); Larousse.

75. Massimo Gargia: YouTube; Gala; Voici; Le Journal des Femmes.

76. Zsa Zsa Gabor: Wikipédia; Gala; Purepeople; Hollywood Walk of Fame (https://walkoffame.com).

77. Richard Lemieuvre/Richard Allan : Wikipédia; Allo Ciné; Academic (https://fr-academic.com).

78. Shigeo Tokuda: VOI.ID (https://voi.id/framp/29461); Ici-Japon; Academic; Wikipédia.

79. Dominique Aderweireld, dit Dodo la Saumure: Wikipédia; Mouvement du Nid; Le Monde; RTBF; France Info.

80. Dennis Hof: Las Vegas Sun; The New York Times; The Nevada Independent (https://thenevadaindependent.com); Wikipédia.

81. Mère Teresa: Secrétariat General du Synode des Évêques (http://secretariat.synod.va/content.html); Vatican News (http://www.vaticannews.cn/fr); Le Jour du Seigneur (https://www.lejourduseigneur.com); France Catholique.

82. Madeleine Cinquin dite Soeur Emmanuelle : Le Pèlerin (https://www.lepelerin.com); La Grande Chancellerie (https://www.legiondhonneur.fr); Le Jour du Seigneur; Encyclopedia Universalis.

83. Mohandas Karamchand Gandhi: Larousse; Wikipédia; Radio France; La Croix.

84. Jeanne Louise Calment: INA (https://www.ina.fr); Wikipédia; France Info; Archives Départementales des Bouches du Rhone.

85. Jiroemon Kimura: Wikipédia; The Famous People (https://www.thefamouspeople.com); The Guardian (https://www.theguardian.com).

86. Theodore Struyck: The Palm Beach Post (https://www.palmbeachpost.com); The US Sun (https://www.the-sun.com).

87. Gloria Mackenzie: The Mirror (https://www.mirror.c0.uk); CNBC (https://www.cnbc.com).

88. Dennis Banfield: The Mirror; The Sun (https://www.thesun.co.uk).

89. Francis Charles Chichester : Britannica ; Rolex (https://www.rolex.org); La Voile (http://www.lavoile.com); Royal Museums Greenwich (https://www.rmg.co.uk).

90. Alejandra Rodriguez: Hindustan Times (https://www.hindustantimes.com); People (https://people.com); The Times

of India
(https://timesofindi.indiatimes.com).

91. René Angélil: Purepeople
(https://www.purepeople.com); Ordre
National du Quebec (https://www.ordre-
national.gouv.qc.ca); The Canadian
Encyclopedia
(https://www.thecanadianencyclopedia.
ca).

92. Thomas Wayne Markle: Wikipédia;
The Mirror; Purepeople; The Sun; Point
de Vue (https://www.pointdevue.fr).

93. Jamie Parnell Spears: Wikipédia;
Forbes France; Daily Mail; Radio
France.

94. **Mohamed Al-Fayed:** Purepeople
(https://www.purepeople.com); Arab
News; Wikipédia
(https://fr.wikipedia.org); France Info;
Dailymotion.

95. **Paul Cézanne:** Atelier de Cézanne
(https://www.cezanne-en-
provence.com); Grand Palais
(https://www.grandpalais.fr);
Impressioniste.net
(http://www.impressioniste.net);
Société Cézanne (https://www.societe-
cezanne.fr).

96. **Paul Gauguin:** Beaux Arts
(https://www.beauxarts.com);

Impressioniste.net; Carré d'Artistes (https://www.carredartistes.com); Grand Palais.

97. Thérèse de l'Enfant Jésus et de la Sainte Face: Sanctuaire de Lisieux (https://www.therese-de-lisieux.catholique.fr); Archives du Carmel de Lisieux (https://archives.carmeldelisieux.fr); Secrétariat du Synode du Vatican (http://secretariat.synod.va).

98. Henri Charrière : papillon-charriere.com ; Wikipedia ; Le Point ; Vanity Fair (https://www.vanityfair.fr).

99. **Jacques Mayol:** France Info; Wikipédia; Le Temps (https://www.letemps.ch); France Apnée (https://www.franceapnee.com); CinéSérie (https://www.cineserie.com).

TABLE

SUPER-AGERS OU 30 MOYENS D'ÊTRE CÉLÈBRE APRÈS LA RETRAITE

Par l'exploration d'une centaine de biographies de personnalités passées ou présentes, en France et par le monde, Philippe ANDRES, 72 ans, démonte les mythes du jeunisme et de l'âgisme qui entachent nos sociétés modernes.

L'âge, qui n'est qu'un nombre, n'empêche ni de commettre des bêtises, ni de réaliser des exploits, il est à l'image de l'esprit humain, c'est-à-dire intemporel.

30 moyens d'être célèbre après la retraite est une formidable démonstration de la résilience de l'être humain, de son désir de vivre, la preuve qu'il n'est jamais trop tard !

« Le désir est l'essence de l'homme » écrit Spinoza dans l'Éthique. Ce livre montre qu'il se manifeste jusqu'à la tombe et que le seul but de la vie doit être le désir de ne jamais s'arrêter de vivre.